"十三五"普通高等教育本科部委级规划教材

企业综合仿真会计设计性实验

潘玉香 吴芳◎编著

中国纺织出版社有限公司

国家一级出版社
全国百佳图书出版单位

内 容 提 要

《企业综合仿真会计设计性实验》一书通过科学地设置创新型会计实验课程，组织学生循序渐进地进行仿真会计设计性实验，逐步强化学生的业财融合意识，培育学生探索管理会计工作的精神，提升学生的预算管理能力。本书可作为高等院校高年级开设会计学实验课程的综合设计实训教材，也可作为学生和想要从事会计工作的人员进行自学的读物，还可为高校教师教学提供参考。

图书在版编目（CIP）数据

企业综合仿真会计设计性实验 /潘玉香，吴芳编著.—北京：中国纺织出版社有限公司，2019.9

"十三五"普通高等教育本科部委级规划教材

ISBN 978-7-5180-6265-2

Ⅰ.①企… Ⅱ.①潘… ②吴… Ⅲ.①企业会计—实验—高等学校—教材 Ⅳ.①F275.2-33

中国版本图书馆CIP数据核字（2019）第106185号

策划编辑：陈希尔　　　责任印制：储志伟

中国纺织出版社出版发行
地址：北京市朝阳区百子湾东里 A407 号楼　邮政编码：100124
销售电话：010-67004422　传真：010-87155801
http://www.c-textilep.com
E-mail：faxing@c-textilep.com
中国纺织出版社天猫旗舰店
官方微博 http://weibo.com/2119887771
三河市宏盛印务有限公司印刷　各地新华书店经销
2019 年 9 月第 1 版第 1 次印刷
开本：710×1000　1/16　印张：13
字数：250 千字　定价：49.80 元

凡购本书，如有缺页、倒页、脱页，由本社图书营销中心调换

前言

随着我国经济和互联网的不断发展以及企业的转型升级，会计市场对本行业人才结构的需求发生了巨大的变化，财会人员的整体知识结构和能力框架需求也发生了巨大的转变，这些变化促使会计教学培养学生必须思考如何进行会计业务设计、如何业财融合、如何进行资本运作、如何进行全面预算和内部控制、如何实现风险规避等问题，这些问题对会计教学提出了新的挑战。

可见由于社会环境的变迁，高校培养会计专业本科学生所应具备的能力和素质，不能仅限于满足从事财务会计工作的需要，而应同时具备能够进行管理会计相关工作的潜质和能力，而这种潜质和能力可以通过综合仿真会计设计性实验来获得，通过科学地设置创新型会计实验课程，组织学生循序渐进地进行创新型实验，来逐步地强化学生的创新意识，培育学生的创新精神，提升学生的创新能力。

学生通过综合设计性实验，既可以把同一课程的不同知识点贯穿、综合起来，也可以把同一专业不同课程的知识点贯穿、综合起来，从而在受到良好的专业教育与专业技能训练的同时，获得对经济管理类相关专业知识、相关专业活动的系统理解。综合仿真会计设计性实验在现代教育技术基础上，搭建起一个真正能够培养综合型复合型财会人才的平台。

本实验为设计性实验，以虚拟企业——"现代家私有限公司"的经营运行环境为背景，在该企业供应、生产、销售的特定规模、生产能力和面临的外部市场环境基础上，通过学生仿真设计模拟企业的资金运动与物流运作全过程，进行会计的预算、计划、实务操作，掌握各项经济业务的发生设计，以及会计账簿的设立、会计凭证的填制和审核、会计账簿的登记和结账、编制科目汇总表并登记总分类账，最终编制会计报表的会计循环等各项实际操作技能。本教材提供了相关的背景资料和业务设计思路，对模拟企业的部门设置、生产流程、销售市场等方面的情况进行了介绍，以模拟企业4月份的会计核算结果为起点，连续进行5、6月份的业务设计和会计循环流程，根据核算结果进一步对模拟企业进行相关财务分析。鉴于Excel在会计领域的应用非常广泛，本教材讲述了部分Excel应用知识，便于学生掌握财务表格设计、财务数据汇总和财务分析等。

本教程共分八章。第一章是对企业会计综合仿真设计性实验的概述；第二章介绍了现代家私模拟企业基本情况介绍；第三章介绍了Excel在会计综合仿真设计中的应用；第四章讲解了现代家私企业第一期资金业务预算设计；第五章进行了第一期会计业务设计及会计实务操作；第六章进行了现代家私企业第二期资金业务预算设计；第七章讲解了第二期会计业务设计及会计实务操作；第八章讲述了企业预计经营成果分析环节内容。本教程后附有实验报告和实验答辩记录表。本书由潘玉香、吴芳任主编，参编人员有孙娟、刘晓晖、范晓芸，劳梦倩、丛璐、马相则三位同学对本教程进行了资料整理。

教材撰写过程中，教材编写组成员依据最新财税政策和会计准则的变化，以及阅读国内外已经出版的相关会计理论与实验教材，为本教程的顺利编写完成起到十分有益的作用，在此对原作者表示衷心的感谢！感谢中国纺织出版社在本实验教程出版工作中给予的大力支持。

本书可作为高等院校高年级开设会计学实验课程的综合设计实训教材，为高校教师教学提供参考；也可作为学生和想要从事会计工作人员进行自学的读物。

由于作者水平有限，书中难免存在缺点和错误，敬请读者批评指正，特望同行专家不吝赐教。

编者
2019年7月

目录

第一章　企业会计综合仿真设计性实验概述

1.1　企业会计综合仿真设计性实验的重要意义 ………………………………… 2
1.2　综合会计业务仿真设计性实验的教学目的 ………………………………… 3
1.3　综合会计业务仿真设计性实验的教学要求 ………………………………… 3
1.4　综合会计业务仿真设计性实验的主体内容 ………………………………… 4
1.5　财务部及相关部门主要工作及其流程 ……………………………………… 5
　　1.5.1　财务部门的主要工作 ……………………………………………………… 5
　　1.5.2　相关部门的工作及其流程 ………………………………………………… 7
1.6　企业预算设计主要流程及其要求 …………………………………………… 10
　　1.6.1　预算设计主要流程 ………………………………………………………… 10
　　1.6.2　预算设计编制要求 ………………………………………………………… 11
　　1.6.3　预算成功三要素 …………………………………………………………… 13

第二章　现代家私虚拟企业基本情况介绍

2.1　企业经营背景情况介绍 ……………………………………………………… 16
2.2　企业财务会计机构及会计核算制度简介 …………………………………… 21
2.3　现代家私有限公司四月末账户余额资料 …………………………………… 24
2.4　四月份会计报表 ……………………………………………………………… 27
2.5　市场及其他信息 ……………………………………………………………… 29
2.6　要求 …………………………………………………………………………… 29
2.7　企业基本经济业务发生规律及处理提示 …………………………………… 30
2.8　注意问题 ……………………………………………………………………… 31

1

第三章　Excel在会计综合仿真设计中的应用

3.1　Excel 财务功能简介和基本操作 34
3.1.1　创建并编制工作表 34
3.1.2　数据输入 37
3.1.3　公式引用 39
3.1.4　常用函数的运用 40

3.2　制作财务表格（财务表格、会计报表） 43
3.2.1　制作图表 43
3.2.2　填制图表 48

3.3　Excel 财务数据管理 50
3.3.1　创建财务数据清单 51
3.3.2　数据清单的排序 52
3.3.3　数据清单的筛选 56
3.3.4　数据清单的分类汇总 65
3.3.5　使用数据透视表分析数据 69

第四章　现代家私企业第一期资金业务预算设计

4.1　预算基础理论与方法 78
4.1.1　预算 78
4.1.2　预算管理 81
4.1.3　全面预算管理 83
4.1.4　预算编制常用方法 86
4.1.5　预算编制时需考虑的因素 88
4.1.6　计划、预算、预测的联系与区别 92

4.2　经营预算及其业务设计 93
4.2.1　销售预测（预算） 93
4.2.2　产品生产预算 96
4.2.3　本期材料采购预算 104
4.2.4　期间费用预算 106
4.2.5　其他经营预算 111

4.3　财务预算及其业务设计 111

  4.3.1 财务预算的作用及其编制方法 ······ 111
  4.3.2 库存现金收支预算 ······ 115
  4.3.3 银行存款收支预算 ······ 116
  4.3.4 其他相关财务预算 ······ 117
 4.4 资本预算及其业务设计 ······ 120
  4.4.1 筹资（融资）计划 ······ 120
  4.4.2 固定资产投资预算 ······ 121
  4.4.3 权益性投资预算与债权性投资预算 ······ 122
  4.4.4 新产品研发费用计划 ······ 122
 4.5 业务设计凭证查询表 ······ 122

第五章　第一期会计业务设计及会计实务操作

 5.1 第一期业务设计及账务处理汇总表 ······ 126
 5.2 月度会计科目汇总表 ······ 130
 5.3 会计报表 ······ 132

第六章　现代家私企业第二期资金业务预算设计

 6.1 本期销售预算 ······ 136
 6.2 本期产品生产预算 ······ 137
 6.3 本期材料采购预算 ······ 142
 6.5 期间费用预算 ······ 145
 6.6 现金流量预算 ······ 146
 6.7 筹资、投资计划 ······ 148
 6.8 新产品研发费用计划 ······ 150

第七章　第二期会计业务设计及会计实务操作

 7.1 第二期业务设计及账务处理汇总表 ······ 152
 7.2 月度会计科目汇总表 ······ 156
 7.3 会计报表 ······ 158

第八章 企业预计经营成果分析

8.1 企业经营成果分析的目的和重点 ·· 162
8.1.1 企业财务分析的目的 ·· 162
8.1.2 企业财务分析重点 ·· 164
8.2 企业会计报表分析 ··· 164
8.2.1 企业会计报表分析的意义 ·· 164
8.2.2 企业会计报表分析的内容 ·· 165
8.2.3 企业会计报表分析的方法 ·· 166
8.3 财务比率分析 ··· 170
8.3.1 偿债能力分析 ·· 173
8.3.2 营运能力分析 ·· 178
8.3.3 盈利能力分析 ·· 183
8.3.4 企业发展能力分析 ·· 186
8.3.5 财务综合分析——杜邦分析体系 ·································· 188

附件

附件一：实验报告 ·· 193
附件二：实验答辩记录表 ·· 200

第一章

企业会计综合仿真设计性实验概述

1.1　企业会计综合仿真设计性实验的重要意义

1. 培养学生创新思维能力的根本方法

高校会计专业本科学生所应具备的能力和素质，不能仅限于满足从事基层工作的需要，而应同时具备能够快速进入中高管理层的潜质和核心竞争力，而这种潜质和核心竞争力可以通过综合仿真会计设计性实验来获得。这个平台，通过科学地设置创新型实验项目体系，组织学生循序渐进地进行创新型实验，来逐步地强化学生的创新意识，培育学生的创新精神，提升学生的创新能力。

2. 深化实验教学改革和优化教学体系的客观依据

综合仿真会计设计性实验根据学科专业人才的培养特点整合实验课程，建立符合人才培养特点的实验课程体系。本实验通过把相关的课程整合并独立开设实验课，从而保证实验的时间及提高教学质量，以达到培养现代化人才的目的，最终形成以基础性的验证性实验→提高性的综合研究性实验→学生自主设计的开放性实验多层次的实验教学模式。

3. 培养出高素质综合性会计实践人才的必经之路

随着我国经济和互联网的不断发展，会计市场对本行业人才结构的需求发生了巨大的转变，财会人员的整体知识结构和能力框架需求也发生了巨大的转变，这些变化促使会计教学培养学生思考如何进行融资管理与商业模式创新、如何进行资本运作、如何进行全面预算和内部控制、如何实现风险规避等问题，这些问题对会计教学提出了新的挑战。学生通过综合设计性实验，既可以把同一课程的不同知识点贯穿、综合起来，也可以把同一专业不同课程的知识点贯穿、综合起来，从而在受到良好的专业教育与专业技能训练的同时，获得对经济管理类相关专业知识、相关专业活动的系统理解。综合仿真会计设计性实验在现代教育技术基础上，搭建起一个真正能够培养综合型复合型财会人才的平台。

4. 培养具有创新能力的会计人才

高校会计专业本科学生所应具备的能力和素质，不能仅限于从事基层工作的需要，而是要同时具备能够很快进入中高管理层的潜质和核心竞争力，这种潜质和核心竞争力集中体现为他们所具有的综合调动和运用各个学科知识的能力。通过科学地设置创新型实验项目体系，组织学生循序渐进地进行创新型实验，对于逐步强化学生的创新意识、培育学生的创新精神和提升学生的创新能力具有重要意义。

1.2 综合会计业务仿真设计性实验的教学目的

1. 有助于学生在会计学原理、中级财务会计、高级财务会计、管理会计、财务管理等课程学习基础上，在会计学原理实验、中级财务会计实验、财务管理实验各项独立实验基础上，进一步综合、全面地运用会计理论和实务技能。
2. 掌握正确处理企业发生的日常经济业务的工作程序和基本会计操作技能。
3. 掌握资金预算的技能，变事后核算为事前管理，为胜任未来企业现代化管理打下良好的基础。

1.3 综合会计业务仿真设计性实验的教学要求

本实验是为适应会计及财务管理本科教学关于培养应用型新型高级财务会计人才目标的要求，通过学生仿真会计模拟设计企业资金运动与物流运作全过程，进行财务会计的预算、计划、实务操作，并以企业财务团队的形式进行企业经营全过程的实际演练，应使学生达到将财务会计基本理论与企业会计操作及资金管理实践高度结合的实验目的，全面提高学生对未来企业会计工作岗位的适应性，为培养高级会计管理人才建立必要的基础准备。

重点：帮助学生了解企业经济业务发生设计及会计实务操作，掌握企业资金运动的基本规律及（生产经营预算）资金预算的方法。掌握会计账簿的设立、会计凭证的填制和审核、进行会计账簿的登记及计结、编制会计科目汇总表及登记总分类账，最终编制会计报表的会计循环要求及实际操作的技能。

难点：如何统筹考虑企业资金的筹集及其运用以及如何进行资金预算与资金控制，正确完成资金运动的会计核算。

凡事预则立不预则废——韩愈

1.4 综合会计业务仿真设计性实验的主体内容

1. 综合会计业务仿真设计性实验的特点

（1）学生学习具有自主性。综合仿真会计设计性实验在给定实验目的和实验条件的前提下，学生在教师的指导下自己设计企业经营与资金运作实验方案，学生必须运用已掌握的知识，依据企业供产销的经营规律，集体分析、探讨企业在整个资金运作过程出现的问题。期间学生处于自主学习状态，学习目的非常明确，创造性思维比较活跃，学生自主学习的积极性得到有效调动。

（2）实验技能的综合性。综合仿真会计设计性实验是学生在掌握了一定的基础理论知识和基本操作技能的基础上进行的，它运用某一课程或多种课程的知识，对学生实验技能和实验方法进行综合训练，主要培养学生的综合分析能力、实验动手能力、数据处理能力及查阅资料的能力，它是结合课程教学或独立于课程教学而进行的，实验题目具有一定的综合性、探索性。

2. 综合会计业务仿真实验的设计思路

（1）以某一特定行业企业的经营运行环境为背景，在该企业供、产、销特定的规模、生产能力和面临的外部市场环境的基础上，设计出相应的较为完整的财务系列指标。主要形式为期初的各类会计要素的账面余额、实物量库存情况、人员及工资结构和材料消耗定额与生产的工艺流程等资料。

（2）学生实验小组（一个财务部编制）在老师的带领下进入一个正在运行的企业后，熟悉企业经营运转的各方面环境。结合内部的已有的财务资金基础能力，外部市场的新的发展需求，做出2~3期的资金运动的整体预算，合理地预见企业经济业务的发生与发展。

（3）学生实验小组（一个财务部编制）在老师的指导下，利用给定的各类供产销、货币资金和新品研发的表格分别在纸介质的教材上和计算机的电子表格上进行每期资金运动的总体预算，利用教材和计算机的电子表格链接技术，开展具体业务的核算，将丁字账与科目汇总表和会计报表有机地结合，提高设计性经营运动的运转实验效率和效果。

（4）以学生实验小组为单位，开展两期经营运转的财务分析，进行经验与成果总结，撰写实验报告。

（5）以学生实验小组为单位，进行设计实验的过程与资金运动成果讲评。

3. 综合会计业务仿真实验设计的主体结构

（1）介绍设计性实验案例企业资金运行环境；介绍销售市场环境分析；介绍物资采购情况分析；介绍生产能力分析；介绍期间费用分析。

（2）提供设计性实验案例企业经营背景资料。

（3）在一般无重大内部与外部经营策略变化时期的预算设计与具体会计业务处理。

（4）发生一定经营策略改变后的局部预算设计与具体会计业务处理。

（5）发生一定经营策略改变后的全面预算设计与具体会计业务处理。

（6）企业成本、费用的预算、控制管理。

（7）综合设计企业各期主要财务分析指标的计算及其对比分析。撰写完成实验设计报告，进行小组讲评。

1.5 财务部及相关部门主要工作及其流程

财务部门在企业经营管理中占有重要地位，随着企业市场竞争的加剧，财务部门已经从最初从事简单的"出纳"工作，发展到目前的全面财务管理和财务控制工作，"会计"的内涵也越来越广。随着财务部门在企业中所涉及工作范围的不断加大，财务部门与其他部门的联系也越来越密切。财务部门作为一个特殊的职能部门，其工作任务涉及企业的各个方面，并且与每一个部门都有直接或间接的业务交流，业务范围十分广泛，与技术、人力、销售、制造等各个部门的切身利益都紧密相连。

1.5.1 财务部门的主要工作

财务部门是利用会计部门收集的信息进行再加工、分析并提供决策支持，它主要是为企业内部经营者服务的部门。财务部门负责人务必将财务部门塑造成企业的核心部门，无论是集团公司财务部，还是生产型企业财务部。因为财务部门是企业资金控制的最后环节，一旦现金流出，已经发生的损失要挽回就相当困难了。作为生产型企业，财务部门的主要职责有以下几个方面：会计核算、资金管理、成本控制、内部控制。

1. 会计核算

根据国家制定的会计制度建立并完善公司的财务核算体系；及时并准确对公司经济业务进行账务处理；准确及时编制公司财务报告；参与公司的经营分析；为公司生产经营决策提供准确及时的财务信息。

2. 资金管理

筹措公司生产经营资金；合理高效调度公司资金；定期对公司的资金营运能力进

行分析；对公司的债权债务控制进行分析；为公司的生产经营提供良好的资金支持。包含筹资业务、投资业务。

（1）筹资业务。筹资管理是指企业根据其生产经营、对外投资和调整资本结构的需要，通过筹资渠道和资本（金）市场，运用筹资方式，经济有效地筹集为企业所需的资本（金）的财务行为。筹资的方式如下图，主要有筹措股权资金和筹措债务资金。筹资管理的目的为满足公司资金需求，降低资金成本，增加公司的利益，减少相关风险。

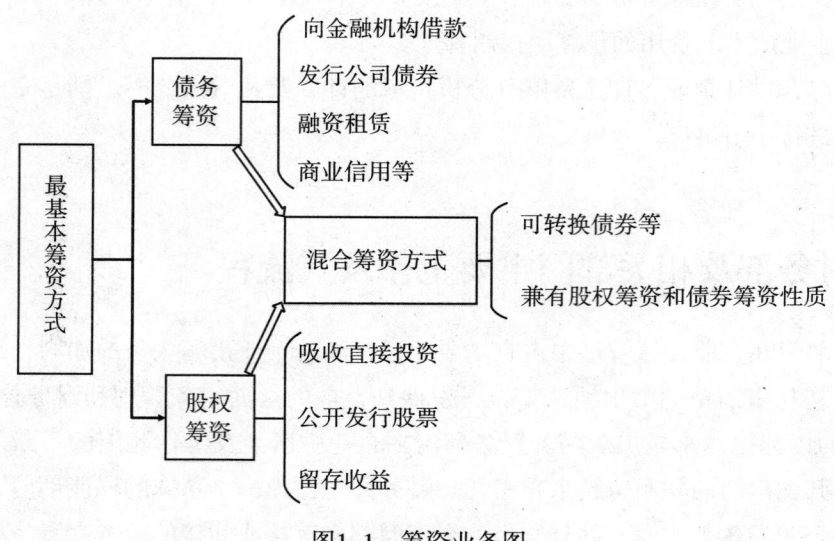

图1-1　筹资业务图

（2）投资业务。企业投入财力，以期望在未来获取收益的一种行为。财务管理中的投资既包括对外投资，也包括对内投资，其业务分析如下表。

表1-1　企业投资业务分析表

资金投出计划		资金投向预算	投资业务程序	投资会计处理
投资计划	制定投资计划	①生产规模扩大	①部门预算提出	①采购原材料会计处理
		②新增固定资产	②公司管理层审批	②新品研发投资会计处理
	可行性分析报告	③新产品研发	③下达投资计划	③购置固定资产会计处理
		④现金需求	④落实投资计划	④其他投资会计处理
投资方案提交		⑤其他投资	⑤投资会计业务处理	
预算审查批准			⑥投资效益分析	

3. 成本控制

拟定公司的成本控制措施；下达公司各产品或项目目标成本；监督成本的开支范围；审核公司各项费用的真实性、合法性；对成本进行成本分析并提出初步处理意见；

为公司的经营投标报价提供准确的成本数据。

4. 内部控制

检查评价公司的内部会计控制并提出改进措施。

1.5.2 相关部门的工作及其流程

企业预算的实施需要各个部门的相互协作，而不能纯粹地仅依赖于财务人员完成。这就要求企业在预算施行进程中，企业各个部门的人员共同参与。

1. 产品市场开发部

市场开发部的主要任务就是把企业现有产品销售到新的市场，以求市场范围不断扩大，增加销售量，其流程如下图。企业进行市场开发的形式主要有两种：一是开发新的目标市场，为新的顾客群提供服务。二是扩展市场区域，即从一个区域市场扩展到另一个区域市场，如从城市市场扩展到农村市场、从国内市场扩展到国外市场等。

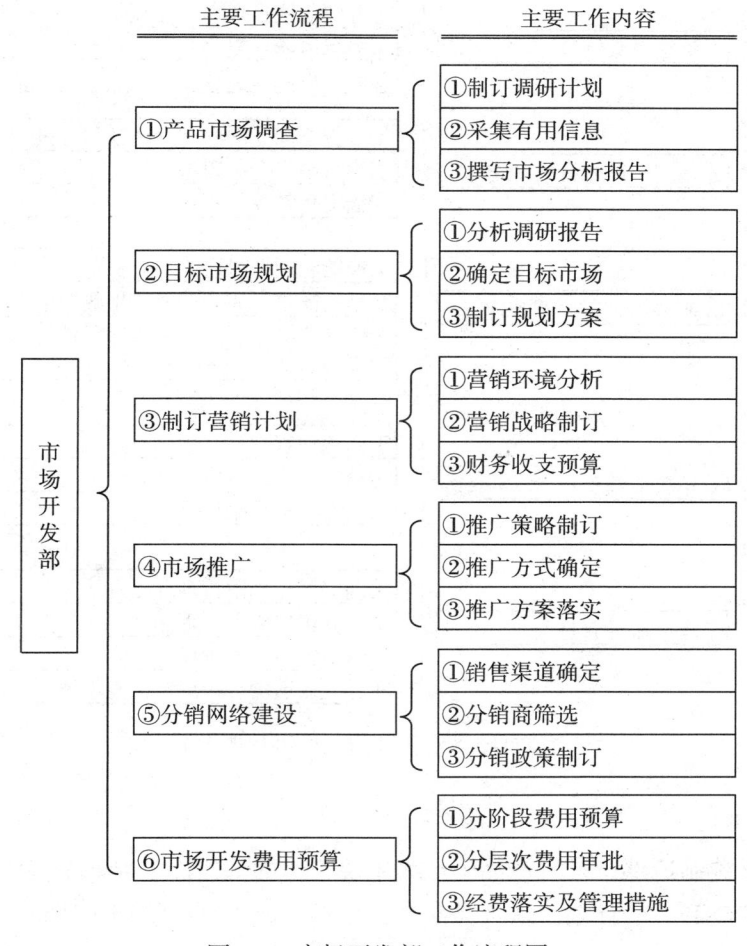

图1-2　市场开发部工作流程图

2. 销售部门

企业的销售部是以产品销售为主要工作的部门，其流程如下图。负责总体的营销活动，决定公司的营销策略和措施，并对营销工作进行评估和监控，包括公共关系、销售、客户服务等。如公司有新的产品，销售部就要把新产品推销、宣传到一些消费者手里。销售部门销售企业产品必须根据市场的变化和市场与本企业的关系来推销到合适的有需求的消费者手里。同时，还需要为客户提供相应的售后服务，以提高客户粘性。

图1-3 销售部门工作流程图

3. 生产部门

生产部又称制造部，是以产品生产为主要工作的部门。主要职责为根据企业不同时期的经营战略和经营计划，从产品品种、质量、成本、交货期等要求出发，采取有效的方法和措施，对企业的人力、材料、设备、资金等资源进行计划、组织、指挥、协调和控制，生产出满足市场需求的产品。其主要工作内容包括制定生产规划、进行车间管理及生产能力管理三方面，其主要流程如下图。

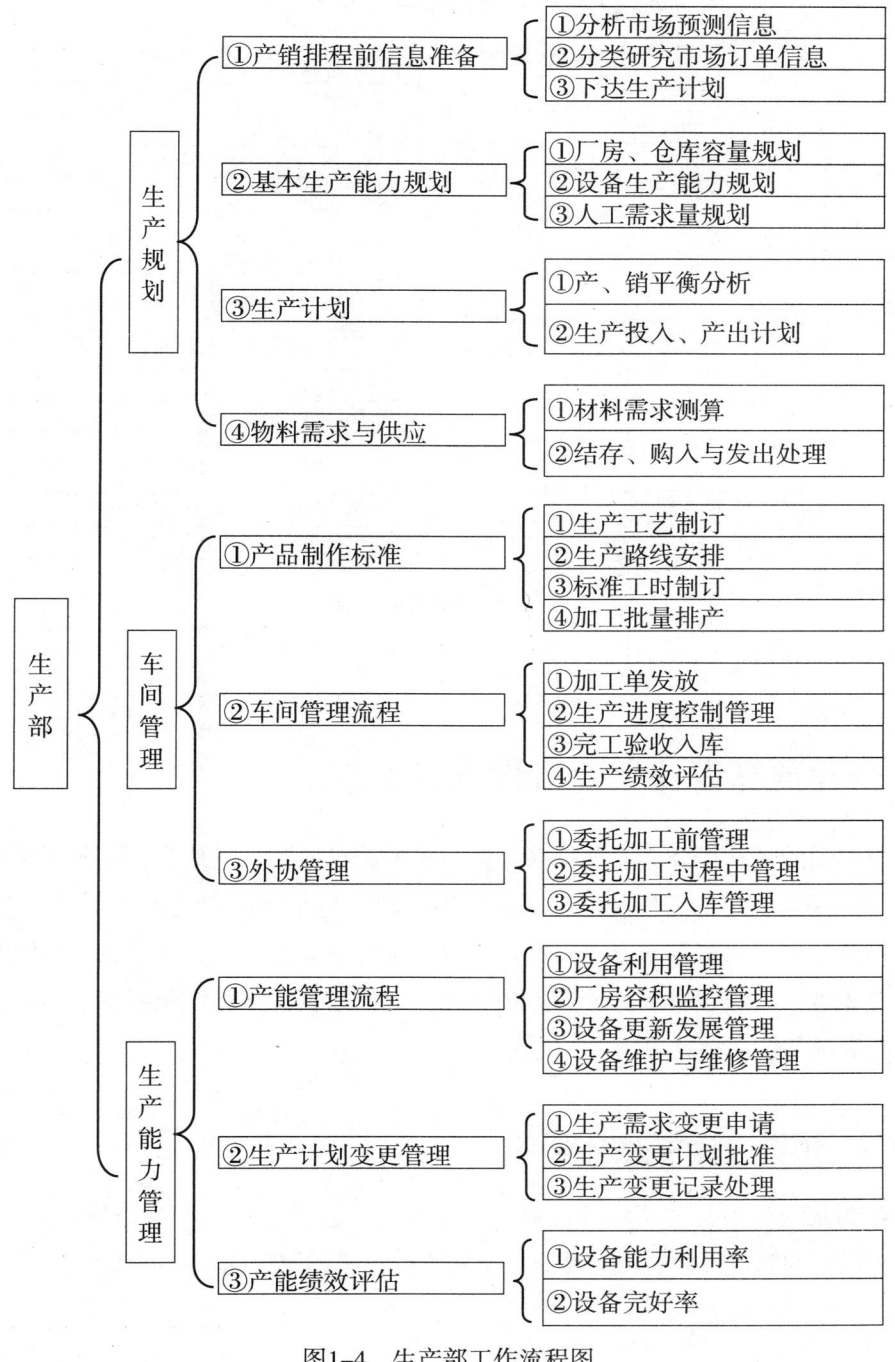

图1-4　生产部工作流程图

4. 供应保障部

供应保障部是为生产部门提供保障的部门，为确定采购、分类、接收、储存、转运、分发和处置主要的和辅助的产品所规定的管理活动、程序和技术。其主要工作包括制订采购计划与方案、进行采购及供应商管理三方面，其工作流程如下图。

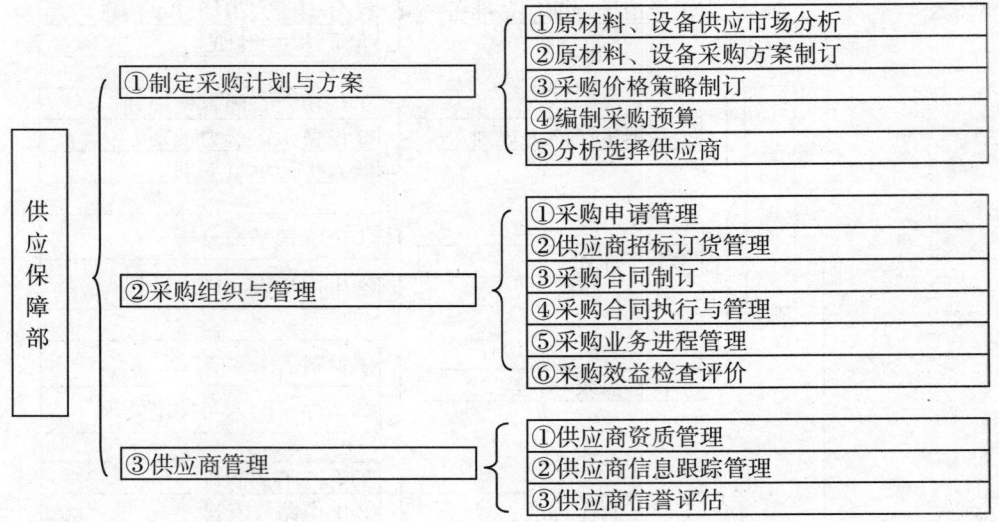

图1-5　供应保障部工作流程图

1.6　企业预算设计主要流程及其要求

企业编制的预算可分为业务预算、资本预算和财务预算三部分。业务预算又称经营预算，是指为供、产、销及管理活动所编制的、与企业日常业务直接相关的预算，如销售预算、生产预算等。资本预算是为规划投资所需资金并控制其支出而编制的预算，主要表现为各类投资预算。财务预算是企业的综合性预算，包括现金预算、利润表预算和资产负债表预算等。

1.6.1　预算设计主要流程

企业编制的各项具体预算看似复杂多样，其实彼此之间具有密切的联系，因此，管理层在进行预算设计时通常会遵循一定的流程。具体流程如图1-6所示。

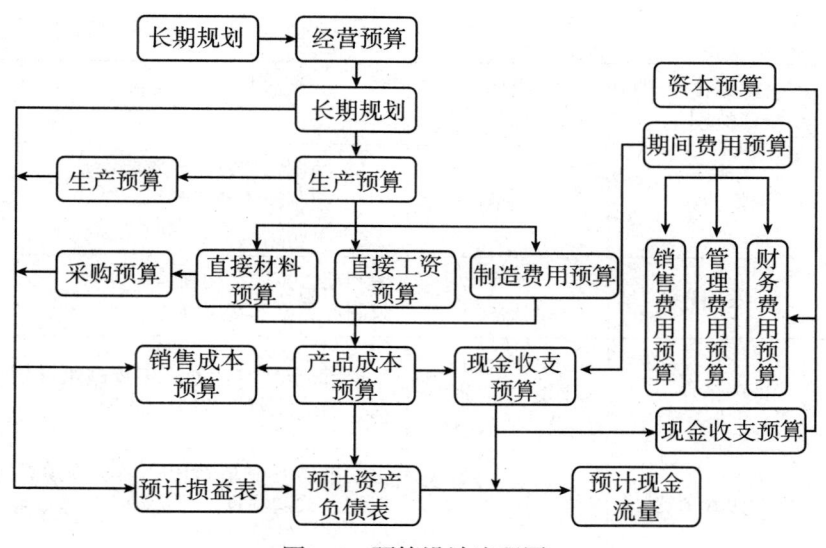

图1-6 预算设计流程图

企业通常会根据长期市场预测和生产能力，编制长期销售预算，并以此为基础，确定本年度的销售预算，同时根据企业财力和投资计划确定资本预算。销售预算是年度预算的编制起点，根据"以销定产"的原则确定生产预算，同时预计所需要的各项期间费用。再根据生产预算来确定直接材料、直接人工、制造费用预算。产品成本预算和现金收支预算是有关预算的汇总。最后，综合上述各项预算编制预计损益表、预计资产负债表和预计现金流量表。

1.6.2 预算设计编制要求

所有部门都要编制部门计划、部门人员预算（需求计划）、费用预算和投资（主要指固定资产需要）预算。具体分工及要求如下：

表1-2 企业预算设计表

业务操作	具体预算类别	操作部门	编制要求
资本预算	权益投资预算 基建投资预算 机器设备投资预算 IT系列投资预算 办公设施投资预算 其他资本预算	财务部门 资产管理部门 信息管理部门	根据经营战略编制公司的短期投资、长期债券投资、长期股权投资预算及收益预算 编制公司的房屋建筑物等工程项目支出、维修预算（列入固定资产部分） 编制公司的机器设备购置、维修保养等投资预算 编制公司的IT系统投资、维修保养预算 编制公司的办公设备、家具等的购置、维修保养支出预算

续表

业务操作	具体预算类别	操作部门	编制要求
业务预算	销售预算	营销部门	（1）编制销售收入预算 （2）编制销售费用预算 （3）编制销售货款回收预算
	研发预算	开发设计部门	编制项目拓展费用预算 编制产品研发费用预算
	生产预算	生产部门 (开发、工程、设计、成本)	生产计划(开发计划、工程施工计划、设计计划、招采计划、营销计划等)
	生产成本预算	生产部门 （同上）	生产成本、制造费用、采购等预算(项目合同规划、采购预算、目标动态成本、年度成本支出预算、结算计划等)
	管理预算	人力企管等部门	（1）编制用人计划预算 （2）编制员工薪酬、福利预算 （3）编制业务、会议等预算 （4）编制行政办公类费用预算 （5）编制其他管理费用预算
财务预算	应交税金预算 筹资预算 财务费用预算 资金流量预算 利润表预算 资产负债表预算 现金流量表预算	财务部门	根据销售预算编制应交有关税费预算 编制筹资预算 编制财务费用支出 编制资金流量预算表 编制预计利润表 编制预计资产负债表 编制预计现金流量表
预算平衡		财务部门 计划管理部门 各部门	（1）根据部门预算情况进行综合平衡 （2）根据初步平衡结果报预算委员会审批
预算编制	预算报告	预算常务小组	根据预算委员会的初步审批结果编制预算
审议批准		预算委员会 董事会 股东会	依制度规定及经营计划批复预算
下达执行		各预算执行部门	（1）预算管理委员会根据批复结果下达各部门 （2）各部门按批复预算执行

1.6.3 预算成功三要素

常言道，凡事预则立，不预则废。预算管理已经成为现代化企业不可或缺的重要工作。它通过业务、资金、信息、人才的整合，明确适度的分权授权，战略驱动的业绩评价等，来实现企业的资源合理配置并真实反映企业的实际需要，进而对作业协同、战略贯彻、经营现状与价值增长等方面的最终决策提供支持。而企业预算的制定及其成功实施离不开管理层支持、企业内各部门配合以及企业完善的绩效管理体制。

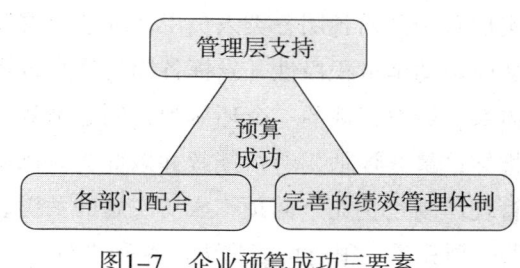

图1-7 企业预算成功三要素

1. 管理层支持

管理层指公司、企业或组织机构内部处于管理地位、负有管理责任的团体或人员。企业为实现总体经营目标，形成了管理层。在每个企业中，管理者都是赋予企业生命、注入活力的要素。如果没有管理者的领导，"生产资源"始终只是资源，永远不会转化为产品。在竞争激烈的经济体系中，企业能否成功，是否长存，与管理者的素质与绩效密切相关，因为管理者的素质与绩效是企业唯一拥有的有效优势。管理层是企业的一个具体器官，一个企业只有当其管理者在决策、活动和运作时才能决策、活动和运作——就企业本身而言，它不是一个实际的实体。管理层也是企业所独有的经济器官。管理层的每一个行动、每一项决策和每一个考虑，都必须以经济作为尺度。同时，管理层内部也有不同层次，执行管理职能的各个等级，进行逐级指挥和管理，以提高工作效率，上下协调。因此，管理层在企业中扮演着重要的角色，只有得到他们的支持，预算活动才有可能在企业中成功制定并实施。

2. 各部门配合

在企业中预算的制定与实施需要各个部门的相互协作，而不能纯粹地仅依赖于财务人员完成。这就要求在预算实行过程中，企业各部门人员的积极配合。比如，在物流企业中，其运输必然是企业的重要业务，那么企业是不是就应该只关注运输业务的成本呢？显然不是这样的，企业也同样需要重视其他业务成本的预算，例如仓储、配送等环节产生的预算费用。只有这样，企业才能够合理地控制其总成本。因此，管理层如果想要将基于作业的全面预算体系应用于企业中，就必须要完善企业的管理体系，使企业的各个部门共同参与到该方法的施行过程中。

3. 完善的绩效管理体制

绩效考核通常也称为业绩考核或"考绩"，是针对企业中每个职工所承担的工作，应用各种科学的定性和定量的方法，对职工行为的实际效果及其对企业的贡献或价值进行考核和评价。它是企业人事管理的重要内容，更是企业管理强有力的手段之一。业绩考评的目的是通过考核提高每个个体的效率，最终实现企业的目标。绩效管理体系是以实现企业最终目标为驱动力，以关键绩效指标和工作目标设定为载体，通过绩效管理的三个环节来实现对全公司各层各类人员工作绩效的客观衡量、及时监督、有效指导、科学奖惩，从而调动全员积极性并发挥各岗位优势以提高公司绩效，实现企业的整体目标的管理体系。绩效管理的三个环节为：制定绩效计划及其衡量标准；进行日常和定期的绩效指导；最终评估、考核绩效并以此为基础确定个人回报。在企业预算中，完善的绩效管理体制是企业全面预算成功实施的关键，如果没有完善的绩效管理体制作为保障，那么预算活动很有可能将无法顺利进行。

第二章

现代家私虚拟企业基本情况介绍

2.1　企业经营背景情况介绍

（一）企业设立及企业类型

1. 企业名称：现代家私有限公司
2. 法定代表人：张明
3. 企业设立时间：2017 年 1 月
4. 企业类型：有限责任公司
5. 企业注册资本：肆佰万元人民币

其中：红星家私有限公司投入贰佰肆拾万元人民币

达利木材有限公司投入壹佰陆拾万元人民币

6. 地址：东丽十一大道 16 号
7. 企业纳税人登记号：120000234567891
8. 银行存款账号：工商行东丽支行　405123456789

工商行滨海开发支行　406567891234

9. 联系电话：022-24550011
10. 邮政编码：300112

（二）企业组织机构设置

现代家私有限公司共有员工 80 人。企业设董事会，董事长由红星家私有限公司投资方担任，并为企业法人。董事会由股东大会选举产生。董事长直接聘总经理一人。总经理聘任副总经理以及财务部和销售部经理各一人。其他生产车间及部门采取主任或部长负责制。

企业共有员工 80 人。其中：生产工人 56 人，车间管理人员 4 人，行政管理人员 20 人。

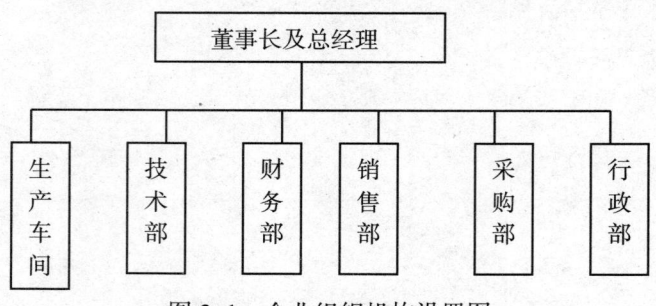

图 2-1　企业组织机构设置图

（三）企业生产经营范围

本企业主要生产并销售红木家具。品种有红木茶几和红木椅。产品主要满足国内外喜欢中国传统工艺家具单位及个体消费市场的需要。

（四）产品生产使用主要材料及消耗定额资料

表2-1　单位产品材料消耗定额资料

项目	红木材（立方米）	华润烤漆（公升）	黏胶（公升）	稀释剂（公升）	工时定额
红木椅	0.3	2	0.6	0.15	15
红木茶几	0.25	1.5	0.5	0.10	10
市场价（元）	2,000	120	200	40	14
其他	1.每小时工人工资费约10元，三险一金比率40% 2.每月需消耗刻木刀具50把				

（五）固定资产

表2-2　固定资产价值

类别	设备	原始价值	已提折旧	净值
设备保障	木材下料生产线一条	30	6	24
	烤漆生产线一条	80	10	70
	压花、雕刻机各2台	20	4	16
	产品组装生产线一条	20	4	16
	小计	150	24	126
车辆	运输车辆	60	10	50
	小卧车	10	3	7
	小计	70	13	57
办公设备	办公设备（若干）	20	7	13
房屋及建筑物	厂房	200	18	182
	办公楼	90	8	82
	小计	290	26	264
	总计	530	70	460

（六）产品销售

1. 参考价格：红木椅每把 3,000 元，样式不同，统一零售标价不变。
   红木茶几每个 2500 元，样式不同，统一零售标价不变。
2. 销售政策：现金折扣 2/10，n/45；统一零售标价的 60% 对销售单位批发。

（七）企业每月水、电费使用情况

1. 水费每吨 5 元。企业生产车间（计入制造费用）、管理部门每月共用水约 120 吨，用水量分别占 80% 和 20%。
2. 电费每度 1 元。企业生产车间（计入制造费用）、管理部门每月共用电约 50,000 度，用电费分别占 90% 和 10%。

表2-3　固定资产折旧计算表

20××-4-30

项目	使用年限	原始价值	月折旧率	月折旧额
生产用固定资产				
厂房	20年 净残值率4%	2,000,000.00	0.004	8,000.00
设备	5年 净残值率4%	1,500,000.00	0.016	24,000.00
车辆	5年 净残值率4%	600,000.00	0.016	9,600.00
小　计		4,100,000.00		41,600.00
管理用固定资产				
厂房	20年 净残值率4%	900,000.00	0.004	3,600.00
设备	5年 净残值率4%	200,000.00	0.016	3,200.00
车辆	5年 净残值率4%	100,000.00	0.016	1,600.00
小　计		1,200,000.00		8,400.00

制表人：黎平××

（八）现代家私生产工艺流程图

一个完整意义上的家具生产工艺流程包括了从原材料的准备，经过木工制作、油漆涂饰到最后产品包装入库等诸多环节和步骤，其中每一步都要做到精细化和专业化。

第二章 现代家私虚拟企业基本情况介绍

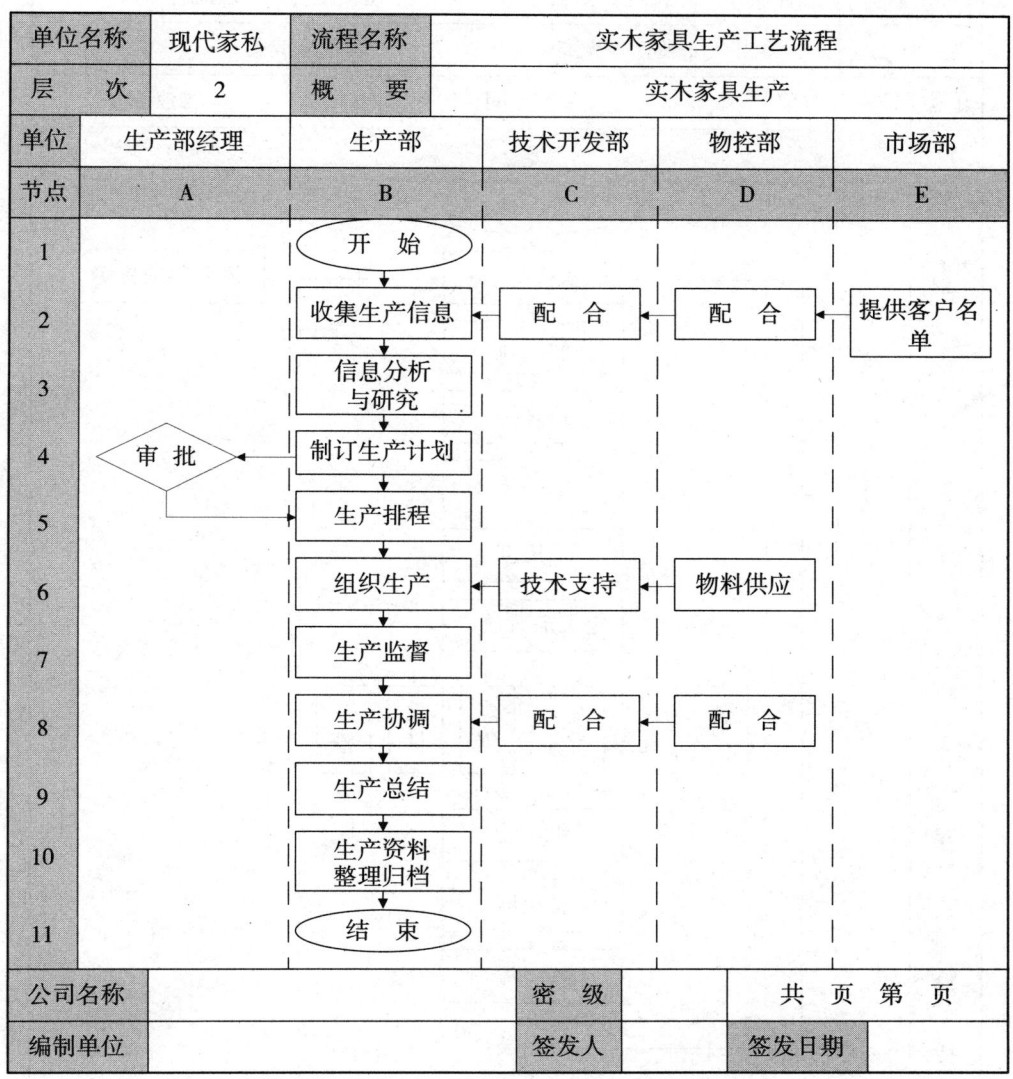

图 2-2

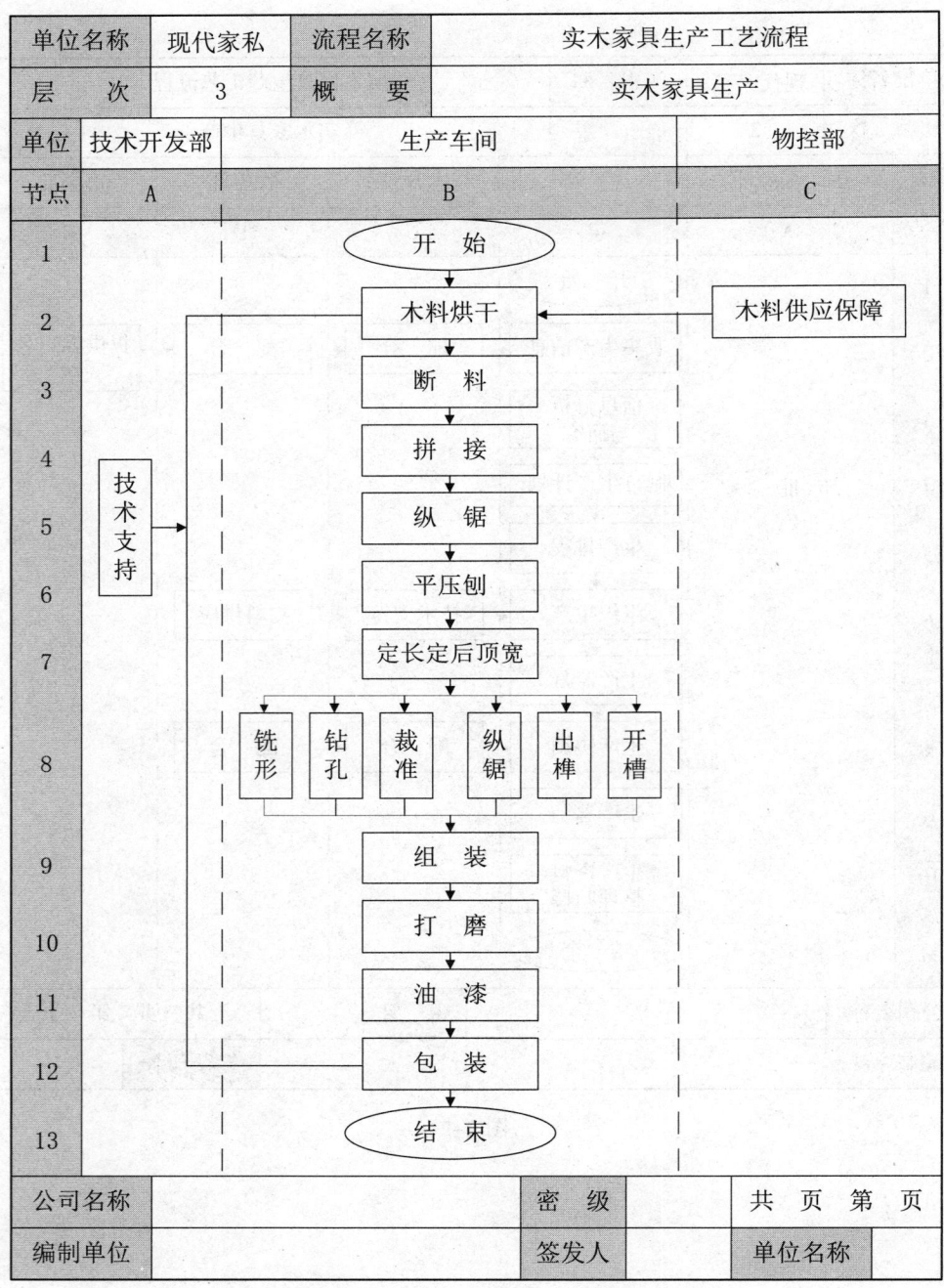

图2-2 生产工艺流程图

2.2 企业财务会计机构及会计核算制度简介

（一）财务会计机构设置

1. 设财务经理1人

财务经理对企业日常会计核算和资金管理负有全面的组织、监督和管理责任。及时向企业管理者和其他报表使用人提供真实有用的会计信息。定期进行财务分析，提出建设性的理财措施和建议。

2. 设出纳1人

出纳员负责办理日常现金及银行存款收付业务。根据审核无误的原始凭证，编制记账凭证，并及时登记现金日记账及银行存款日记账。做到日清月结。

3. 设材料及成本核算1人

负责审查采购、入库、领用等原始凭证，编制记账凭证，登记相关材料明细账；根据本期生产费用发生记录及上期末在产品余额进行产品成本核算。

4. 设期间费用及工资核算员1人

严格按照企业会计制度和内部控制制度规定，审查各项费用发生的合法性和合理性，做好核算和监督工作。

5. 设销售核算员1人，兼管固定资产及投资业务核算

审核销售业务原始凭证，严格执行赊销授权批准制度，按规定填开销售发票。根据销售结算方式，及时进行账务处理，并登记销售明细账。根据本期发生固定资产购进、安装、清理、清查等业务，按照固定资产核算制度，进行会计处理，登记固定资产卡片账及明细账。遵循一贯性原则，定期编制固定资产折旧计算表，分配固定资产折旧。严格执行投资授权审批制度，定期审查投资收益，及时进行会计处理。

（二）企业内部会计核算制度简介

本企业内部会计核算制度是根据《企业会计准则》及国家相关经济法和税法的规定，并结合本企业生产经营规模特点以及企业财务管理要求制定的，其主要内容如下：

1. 库存现金定额

企业库存现金实行限额管理。开户银行与企业共同制定库存现金限额8,000元。

当库存现金超过现金定额时，应及时送存银行。

2. 非定额备用金制度

企业采用非定额备用金制度。平时有关部门进行零星开支，到财务部门借款，发生支出后报账。

3. 差旅费报销制度

企业各职能部门人员外出采购材料、销售产品、催收货款、参加会议等，经审批可以乘坐飞机、火车或汽车前往。出差期间住宿不能超过异地住宿标准。出差期间每天伙食补贴人民币180元。

4. 坏账准备金制度

本企业采用备抵法核销坏账损失。坏账的确认须符合有关条件，并经过办理审批手续。坏账准备提取方式为"应收账款余额百分比法"。提取比例依坏账损失发生的可能性而具体决定。

5. 存货的分类与计价

本企业存货主要分为原材料、低值易耗品、半成品和库存商品。其主要原材料为红木材，华润清漆。辅料有调料、颜料等，价值较低，用量少。低值易耗品主要有雕刻刀具等。存货发出按实际成本计价。

6. 固定资产折旧计提方法及维修费的核算

（1）固定资产折旧计提方法

企业房屋、建筑物、生产设备、管理用设备采用使用年限法计提折旧。运输车辆采用工作量法计提折旧。企业各类固定资产的使用年限和预计净残值率规定如下：

表2-4 固定资产折旧计提比例表

类　型	预计使用寿命（年）	预计净残值率（%）
房屋及建筑物	20	4
生产设备	5	4
管理用设备	5	4
运输车辆	5	4

（2）固定资产维修费的核算

企业固定资产发生修理费用，一般直接计入当期损益费用。

7. 产品成本核算方式

产品成本项目分为直接材料、直接人工费及制造费用。企业发出材料采用加权平均成本计价，直接人工费和制造费用在不同产品之间的分配均按产品实际耗用工时分配。期末在产品成本计算方法：原材料按实际领用或发生全额计算，直接人工费和制造费用按约当产量法计算。

8. 资产减值准备的计提

企业采用应收账款余额百分比法于年末计提坏账准备。年度终了，分析各项应收款项的可收回性，预计可能产生的坏账损失，对没有把握收回的应收款项，经董事会批准，确定合理的比例计提坏账准备。

企业采用成本与可变现净值孰低法对存货进行计价，存货跌价准备按单个存货项目的成本与可变现净值计量。

企业于年度终了，对固定资产逐一进行检查，对于由于市价持续下跌，或技术陈旧、损坏、长期闲置等原因导致固定资产的可收回金额低于账面价值的，将可收回金额低于其账面价值的差额作为固定资产减值准备。固定资产减值准备按资产组计提。

9. 税金的计算及缴纳

（1）企业为一般纳税人，适用增值税率13%。

（2）应交城市维护建设税，按当月应交流转税的7%计算。

（3）应交教育费附加，按当月应交流转税的3%计算。

（4）企业每月末计算并核算应交纳所得税额，季末汇交所得税。

10. 利润分配制度

按照公司章程，半年末损益结算后，根据董事会决议的利润分配方案，按当年4月末股东投资比例向股东分配红利。

2.3 现代家私有限公司四月末账户余额资料

表2-5 现代家私有限公司20××年4月末账户余额资料

序号	一级科目	二级科目	三级科目	金额（元）
1001	库存现金			1,600.00
1002	银行存款			180,000.00
		人民币存款	工商东丽支行	179,800.00
		纳税户	滨海开发支行	200.00
1121	应收票据			180,000.00
		商业承兑汇票	北京红星家具公司	180,000.00
1122	应收账款			860,000.00
		天津红星家具公司		860,000.00
		天津金海马家具公司		0.00
1221	其他应收款			2,000.00
		采购部	刘红云南采购	2,000.00
1231	坏账准备			（贷）4,300.00
1401	原材料			630,000.00
		原料及主要材料		600,000.00
			红木材120立方米	240,000.00
			华润烤漆3000公升	360,000.00
		辅助材料		30,000.00
			黏胶100公升	20,000.00
			稀释剂250公升	10,000.00
1411	低值易耗品			16,000.00
		生产车间使用	刀具80把*200	16,000.00
1405	库存商品			375,600.00

续表

序号	一级科目	二级科目	三级科目	金额（元）
		红木椅	200把 1356	271,200.00
		茶几	100个 1044	104,400.00
1601	固定资产			5,300,000.00
		生产用固定资产		4,100,000.00
		20年 净残值率4%	厂房	2,000,000.00
		5年 净残值率4%	设备	1,500,000.00
		5年 净残值率4%	车辆	600,000.00
		管理用固定资产		1,200,000.00
		20年 净残值率4%	厂房	900,000.00
		5年 净残值率4%	设备	200,000.00
		5年 净残值率4%	车辆	100,000.00
1602	累计折旧			（贷）700,000.00
1603	固定资产减值准备			100,000.00
1701	无形资产	专利权 使用期5年		120,000.00
1702	累计摊销			（贷）40,000.00
2001	短期借款			800,000.00
2201	应付票据			501,500.00
		云南木材厂		501,500.00
2202	应付账款			818,840.00
		上海华润公司		818,840.00
		天津溶剂厂		0.00
2211	应付职工薪酬			67,080.00
		养老保险		31,200.00
		医疗保险		15,600.00
		失业保险		2,340.00
		工伤保险		1,092.00

续表

序号	一级科目	二级科目	三级科目	金额（元）
		生育保险		1,248.00
		住房公积金		15,600.00
2221	应交税费			109,300.00
		未交增值税		78,000.00
		应交所得税		22,900.00
		应交城市维护建设税		5,460.00
		教育费附加		2,340.00
		应交个人所得税		600.00
2241	其他应付款	职工代扣款项		31,980.00
4001	实收资本			4,000,000.00
		红星家私有限公司		2,400,000.00
		达利木材有限公司		1,600,000.00
4101	盈余公积			180,000.00
		法定盈余公积		160,000.00
		任意盈余公积		20,000.00
4103	本年利润			310,800.00
4104	利润分配			129,200.00
		未分配利润		129,200.00
5001	基本生产成本			127,800.00
		红木椅	100把 完工率80%	127,800.00
		直接材料	96600 100%	96,600.00
		直接人工	16800 80%	16,800.00
		制造费用	14400 80%	14,400.00

2.4 四月份会计报表

1. 利润表

表2-6 利润表

编制单位：　　　　　　　　　20××年 4月　　　　　　　会企02表
　　　　　　　　　　　　　　　　　　　　　　　　　　　　单位：元

项　目	行次	本期金额	本年累计
一、营业收入	1	1,200,000.00	4,800,000.00
减：营业成本	2	852,000.00	3,360,000.00
税金及附加	3	10,800.00	43,200.00
销售费用	4	80,000.00	320,000.00
管理费用	5	120,000.00	480,000.00
财务费用	7	3,600.00	14,400.00
资产减值损失	10		
加：投资收益（损失以"-"号填列）	13		
公允价值变动收益（损失以"-"号填列）	16		
二、营业利润（亏损以"-"号填列）	18	133,600.00	582,400.00
加：营业外收入	19		24,000.00
减：营业外支出	20	42,000.00	144,000.00
三、利润总额（亏损总额以"-"号填列）	21	91,600.00	414,400.00
减：所得税费用	22	22,900.00	103,600.00
四、净利润（净亏损以"-"号填列）	23	68,700.00	310,800.00

2. 资产负债表

表2-7 资产负债表

编制单位：　　　　　　　　　　　20××年4月30日　　　　　　　　　　　单位：元

资产	行次	年初余额	期末余额	负债及所有者权益	行次	年初余额	期末余额
流动资产：				流动负债：			
货币资金	1	172,520.00	181,600.00	短期借款	26	760,000.00	800,000.00
以公允价值计量且其变动计入当期损益的金融资产	2			应付票据及应付账款	28	1,259,510.00	1,320,340.00
应收票据及应收账款	3	983,915.00	1,035,700.00	预收账款	29		
预付账款	4			应付职工薪酬	30	88,920.00	67,080.00
其他应收款	5	1,900.00	2,000.00	应交税费	31	103,835.00	109,300.00
存货	6	1,091,930.00	1,149,400.00	其他应付款	32		31,980.00
……	…	……	……	一年内到期的非流动负债	34		
流动资产合计	10	2,250,265.00	2,368,700.00	流动负债合计	36	2,212,265.00	2,328,700.00
非流动资产：				非流动负债：			
长期股权投资	14			非流动负债合计	44		
固定资产	16	4,183,200.00	4,500,000.00	负债合计	45		
在建工程	17			所有者权益：			
无形资产	18	88,000.00	80,000.00	实收资本	47	4,000,000.00	4,000,000.00
……	…	……	……				
其他非流动资产	23			资本公积	40		

续表

资产	行次	年初余额	期末余额	负债及所有者权益	行次	年初余额	期末余额
非流动资产合计	24	4,271,200.00	4,580,000.00	盈余公积	52	180,000.00	180,000.00
				未分配利润	53	129,200.00	440,000.00
				所有者权益合计	56	4,309,200.00	4,620,000.00
资产总计	25	6,521,465.00	6,948,700.00	负债和所有者权益总计	57	6,521,465.00	6,948,700.00

单位负责人： 　　财会负责人： 　　复核： 　　制表：

2.5 市场及其他信息

1. 红木材料价格将上涨 10% 左右。

2. 有信息表明镶玉高档红木椅和茶几有较好的国内外需求。可以考虑进行投资调查研究。镶玉生产研发费预计 10 万元，其中前期研究及调查费 5.2 万，后期开发试制费及注册登记费 4.8 万元。不含税生产线 50 万元。

3. 企业目前月生产能力 10,000 工时。红木椅 500 把（15 工时/把），茶几 250 个（10 工时/个）；或进一步开发茶几市场，提高其产销量，毛利率可从红木椅 25% 提高为 30%。

4. 企业在银行存款结算信誉良好。允许企业负债率 65%。贷款利率 8%。

5. 台湾商人黄玉明多次提出愿意投资合作，愿投资 100 万元人民币，占股份 20%，可否进行进一步商议。

6. 老客户稳定，销售形势处于平稳阶段。茶几、椅子开始出现较大库存量。本企业总体产品进入成熟的中后期。

2.6 要求

第一期每人按照企业所处生产经营状况合理设计企业的经济业务发生及账务处理。

2.7　企业基本经济业务发生规律及处理提示

1. 会计期初提取定额内现金备用。
2. 会计期初生产部门领用原材料。用量少的辅料，可以一次性领用。用量大的主要材料不少于两次领用。（企业发出材料采用全月一次加权平均法计价，领用时不做账务处理）
3. 会计期间领用刀具作为低值易耗使用，发生刀具报废业务，采用五五摊销法摊销。
4. 企业每月需要购买的主要原材料红木材（黄花梨、紫檀等），需要采购员抵达材料供应地实地考察验证。第一期原材料红木材市场价格上涨10%，第二期将较基期上涨20%。其他原材料不需异地采购。原材料不可发生短缺，需及时提出购料申请。
5. 企业向专卖家具网点销售产品通常为赊销方式。销售政策为"2/10，$n/45$"。企业专卖家具网点销售零售价统一标价，企业以六折价批发给零售商。
6. 企业每月5日将当月职工工资通过银行转入职工的工资账户。采用先付工资制。
7. 企业每月7日缴纳上期各种税费，之前按税费额由人民币存款基本账户转入纳税户，以备缴纳上月未交税费。
8. 企业需制定并执行新产品研究开发计划，通常第一期为研究探索阶段，发生的相关费用计入当期损益。第二期进入开发及试生产阶段，发生的相关费用计入长期资产——无形资产价值。
9. 有信息表明，近几年国内外红木家具市场，高档红木椅和茶几有较好的需求，公司决定在第一期着手国内外市场广泛调研，研发镶玉生产技术。可行性报告审查后，第二期购入一条先进的镶玉家具生产线，进入试生产阶段。并接受订单生产。
10. 企业为产品销售不定期地在地方报刊及电视台做广告宣传。一般销售费用不超过月销售收入的5%。
11. 企业每月中旬与产品代销商沟通一次，发生业务招待费用5,000元左右。
12. 企业的传统产品产量上下浮动20%时，不需要设备和人员的新的投入。
13. 企业上马新产品当期，需引进工程技术人员2人。预计月薪4,000元（含个人负担五险一金）。技术工人4人，预计月薪2,500元（含个人负担五险一金）。产能增加1,000工时。新镶玉红木椅生产定额18小时，新镶玉红木茶几生产定额12小时。

（第二期投产 100 把椅子，50 个茶几）

14. 新产品镶玉红木椅单位定额消耗缅甸玉 0.2 公斤，新镶玉红木茶几定额消耗缅甸玉 0.16 公斤。（第二期投产 100 把椅子，50 个茶几）

15. 企业于期末按照受益对象，核算上交发生的水电费。

16. 企业于期末按照企业的借款及利率，计算及缴纳借款利息费用。

17. 企业于期末核算当期的人工费用，按照劳动部门提供的人工费用计算表进行相应的账务处理。结转应付职工工资、企业及个人负担的五险一金；计提工会经费 2% 和职工教育经费 2.5%。

18. 企业于期末核算当期的原材料费用，按照加权平均法发出材料。

19. 企业于期末核算当期的固定资产折旧。按照当月增加的固定资产当月不计提折旧，当月减少的固定资产当月照提折旧的原则，采用使用年限法计提折旧。

20. 企业于期末进行无形资产摊销或结转。

21. 将制造费用集中，后分配到不同产品成本中。

22. 企业入库产品于月末采用加权平均法计算产品单位成本，月末在产品采用约当产量法计价核算，办理入库。

23. 已销产品成本于月末一次性结转。

24. 职工工资如果超过纳税标准，计算职工应缴纳个人所得税。（无变化时以基准月份为参照）

25. 将损益类账户结转至本年利润账户。

26. 按照当期应缴纳流转税合计计算应缴纳城市维护建设税和教育费附加。

27. 计算本月应交所得税费用。

2.8 注意问题

1. 企业赊销预算对于销售收入是否有影响？
2. 所得税的缴纳方式？
3. 新产品镶玉红木椅和茶几市场售价是传统产品的 3 倍，镶玉产品的材料、人工费分别提升 80% 和 50%。新增设备投入将按照 8 年计提折旧，净残值率 4%。投产第一年，新产品数量占 20%，第二、第三年及以后分别占销售总量的 40% 和 60%。
4. 请计算新生产线及专利的投资回收期。专利费同时按照 8 年摊销（不考虑净残值）。

第三章

Excel在会计综合仿真设计中的应用

3.1　Excel财务功能简介和基本操作

随着当今社会经济的高速发展，云计算、大数据等概念应运而生，传统方式下企业会计手工做账进行会计核算的方法在一定程度上降低了企业的效率，赶不上当今经济环境的发展趋势。会计不再仅仅意味着是一种单纯的核算工具，会计人员能够利用会计信息为企业的管理层提供决策有用的信息变得越来越重要。随着会计信息化的发展，学会使用相关软件进行会计核算是每一名会计财务人员的必备技能，Excel作为一个强大的电子表格处理软件，能够帮助会计人员更快、更精确地进行数据整理及财务计算，在一定程度上大大提高了会计人员分析会计相关信息的工作效率，提高企业的管理水平。本章将以Excel 2016版本为例，介绍Excel在财务应用过程中的一些基本知识，包括工作表的创建与编辑、数据的输入、公式的引用以及函数的运用，帮助读者对Excel的使用建立初步认识，为以后的进一步学习打下基础。

3.1.1　创建并编制工作表

本节将介绍工作表创建及编制过程中的基本操作，如工作表的激活、重命名工作表、工作表的插入和删除、工作表的移动和复制、工作簿的保存。

1. 工作表的激活

一个工作簿的底部包含了该工作簿中所有的工作表，将鼠标定位到想要激活的工作表，单击该工作表标签，便可激活。

2. 重命名工作表

对工作表进行重命名，为以后的数据查找工作提供便利。

重命名工作表，通常使用以下两种操作方法。

（1）鼠标双击需要重命名的工作表标签，该工作表标签的颜色变灰，如图3-1所示，而后直接输入新的工作表名称即可，如图3-2所示。

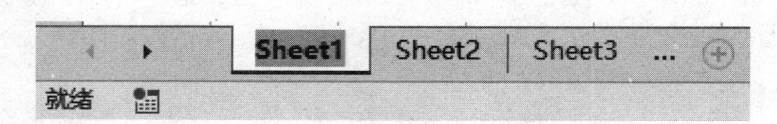

图3-1　重命名工作表

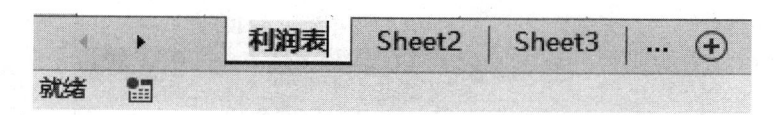

图3-2　重命名工作表后

（2）在要重命名的工作表标签上单击鼠标右键，在弹出的快捷菜单中选择"重命名"命令，工作表标签的颜色变灰后，输入新的工作表名称。

3. 工作表的插入和删除

（1）在已有的工作表中插入一个新的工作表，通常使用以下两种操作方法。

①选择"开始"→"单元格"→"插入"→"插入工作表"命令。

②在需要插入工作表的后一个工作表标签上单击鼠标右键，在弹出的快捷菜单中选择"插入"命令，在弹出的对话框中双击"工作表"图标或者选择"工作表"图标而后单击"确定"按钮。

（2）如果要删除一个工作表，通常使用以下两种操作方法。

①选择"开始"→"单元格"→"删除"→"删除工作表"命令。

②在需要删除的工作表标签上单击鼠标右键，从弹出的快捷菜单中选择"删除"命令。

需要注意的是，一张工作表被删除后将无法恢复，所以在删除之前要慎重考虑。

4. 工作表的移动和复制

工作表既可以在一个工作簿中移动和复制，也可以在多个工作簿中移动。如果要将一个工作表移动到其他工作簿上，两个工作簿必须是打开的状态。

（1）使用鼠标在同一个工作簿中移动和复制

单击需要移动的工作表标签，将它拖动到指定的位置，在拖动的过程中鼠标将会变成一个小箭头和一个小表，拖到指定位置后释放鼠标；如果是复制该工作表，则需要在拖动时按住"Ctrl"键，复制后的工作表的名称将会自动改变。例如，"Sheet1"变为"Sheet2"。

（2）使用菜单在一个或多个工作簿中移动和复制

使用菜单打开"移动或复制工作表"对话框，从而完成对工作表的移动或复制。打开该对话框通常有以下两种方式。

①选择"开始"→"单元格"→"格式"→"组织工作表"→"移动或复制工作表"命令。

②在要移动的工作表单击鼠标右键，在弹出的快捷菜单中选择"移动或复制"命令。

打开"移动或复制工作表"对话框，如图3-3所示。

图3-3 "移动或复制工作表"对话框

在"移动或复制工作表"对话框中的"工作簿"下拉列表中选择需要移动到的工作簿,然后在"下列选定工作表之前"列表框中选择被移动工作表位置之后的工作表,如果是移动,则取消选择"建立副本"复选框;如果是复制,则选中"建立副本"复选框,最后单击"确定"按钮。

5. 工作簿的保存

在使用 Excel 工作时,随时保存是至关重要的,这样可以避免由于电脑出现意外等原因造成的数据丢失。手动保存工作簿主要有以下三种方法:

(1)单击工作簿左上方"快速访问工具栏"中的"保存"按钮,如图 3-4 所示,即可保存当前文件。

图3-4 "保存"按钮

(2)选择"文件"→"保存"命令即可保存当前文件。

(3)按住"Ctrl + S"保存当前文件。

3.1.2 数据输入

激活工作表后，用户便可以在单元格中输入数据。本节主要介绍文本与数字的输入方式、绝对引用与相对引用。

1. 输入文本与数字

（1）输入文本

文本可以是汉字、英文字母以及其他能够从键盘中输入的字符，每个单元格最多可包含 32,767 个字符，但单元格最多能够显示 1,024 个字符。

输入文本时，单击目标单元格即可输入想要输入的内容，输入完成后，按"Enter"键进入下一个单元格；或者单击目标单元格，然后在编辑栏中输入想要输入的内容，再单击左侧的 ✔ 按钮完成输入，也可以按 Enter 键完成输入。在单元格中输入文本后，文本会与单元格左侧对齐。例如，在 A1 单元格中输入文本"红木椅"，输入结果如图 3-5 所示。

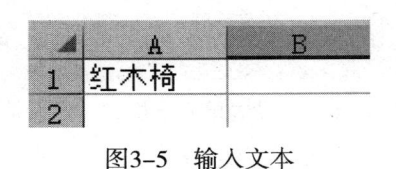

图3-5 输入文本

（2）输入数字

Excel 中的数字可以是整数、分数、百分比、日期等格式，用户可以通过"设置单元格格式"将输入的数字转变为自己想要的数值格式。"设置单元格格式"通常使用以下三种操作方法。

① 选中目标单元格或目标区域，单击鼠标右键，在弹出的快捷菜单中选择"设置单元格格式"命令；

② 选中目标单元格或目标区域，选择"开始"→"数字"选项组的下拉列表，直接选择数字格式或"其他数字格式"以弹出"设置单元格格式"对话框。

③ 选中目标单元格或目标区域，选择"开始"→"数字"选项卡右下角的箭头，弹出"设置单元格格式"对话框。"设置单元格格式"对话框如图 3-6 所示，用户可以单击"分类"列表中的各种数字格式将目标单元格或目标区域的数字分别转变为会计专用、日期、百分比等格式，然后单击"确定"按钮完成数字格式的转换。

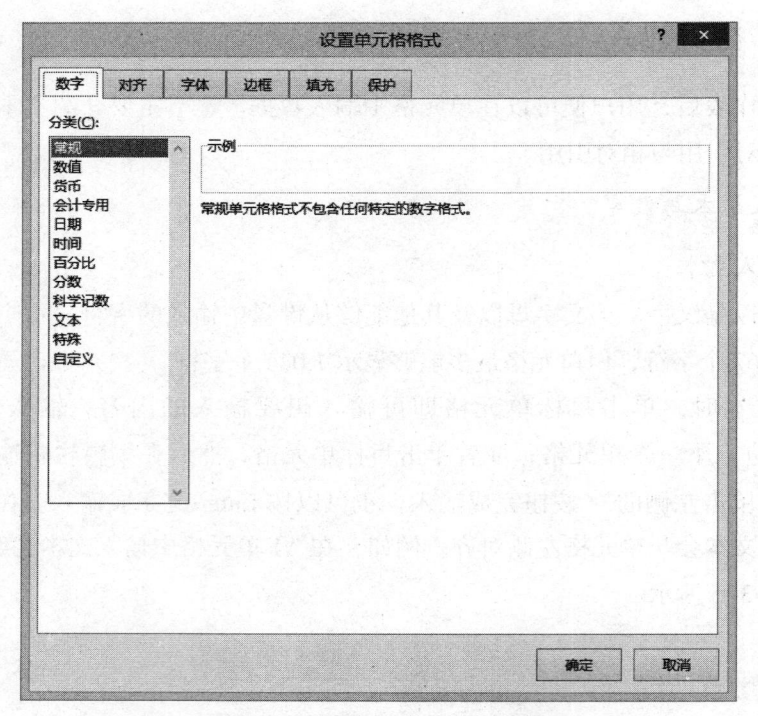

图3-6 "设置单元格格式"对话框

Excel在默认情况下,数字会与单元格右侧对齐。若在一个单元格输入的数字超过11位,单元格将自动显示为类似于"1.23E+11"的科学计数法格式;若输入的数字长度过长,单元格的宽度不能够容纳其中的数字时,单元格的数字将以"######"的形式显示。

2. 绝对引用与相对引用

(1)绝对引用

绝对引用是指在公式中被引用的单元格的行和列前都添加"$"符号,引用指定位置的单元格。绝对引用只是公式所在单元格的位置发生了变化,但引用的内容不会根据位置的变化而改变。

例如,在C1单元格中输入公式"=A1+B1",然后在C3单元格中输入公式"=＄C＄1",按"Enter"键,其结果如图3-7所示,可看出,C3单元格的结果没有改变,仍是C1单元格的值。

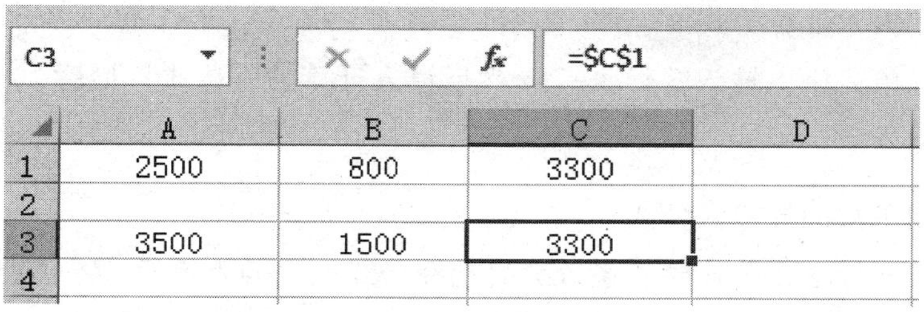

図3-7 绝对引用

在输入绝对引用符号时,除手动输入添加"$"符号外,还可以在编辑栏或单元格中选中被引用的单元格名称,然后按F4键,完成符号的输入。

(2)相对引用

相对引用是直接引用单元格位置,不添加任何符号,使公式所在单元格与被引用单元格之间建立起相对关系。当复制公式所在单元格时,公式中被引用的单元格位置也会自动更新。

例如,在D2单元格中输入公式"=B2+C2",然后将D2单元格中的公式复制到D4单元格,结果如图3-8所示,D4单元格的公式自动更新为"=B4+C4"。

图3-8 相对引用

3.1.3 公式引用

公式指的是一个等式,是由一系列数据通过某种或某几种运算方式组成的式子。在进行财务数据计算时,使用公式会大大提高计算效率。本节将介绍如何在单元格中输入和修改公式。

1. 公式的输入

在Excel计算过程中,所有的公式都以等号开始,创建公式通常使用以下两种操作方法。

（1）手动输入计算公式

选择目标单元格，输入等号"="，然后输入计算的表达式，最后，按"Enter"键完成公式的输入。

（2）利用函数向导输入公式

利用函数向导输入公式时，系统会自动在公式前面插入等号，不需要自己输入。

如图3-9所示，Excel中有"公式"选项卡，用户可以在"公式"选项卡下的"函数库"中选择自己想要输入的函数类型，单击不同类型的下拉箭头，选择自己想要输入的公式；用户也可以直接单击"公式"选项卡下"函数库"中的"插入函数"选项或编辑栏左侧的 fx 按钮，弹出"插入函数"对话框，然后选择相应的函数，单击"确定"按钮，弹出"函数参数"对话框后，输入相应的参数或单击选择相应的单元格后，单击"确定"按钮，完成公式的输入。

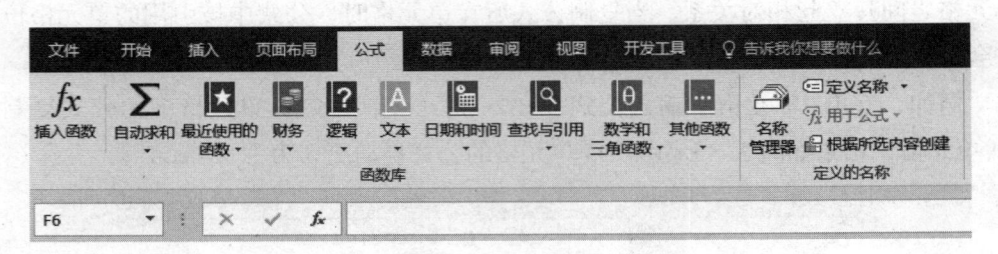

图3-9 "公式"选项卡

2. 公式的修改

如果发现所输入的公式有错误，则需要对公式进行修改。修改公式的方法非常简单，用户可以通过单击需要修改公式的单元格，在编辑栏中进行公式的修改；或是双击需要修改公式的单元格，在单元格中直接修改，输入修改的内容之后，按"Enter"键即可完成修改。

3.1.4 常用函数的运用

在进行财务数据计算的过程中，熟练掌握函数的运算法则将提高数据的计算效率。Excel中提供了多种类型的函数，有财务函数、逻辑函数、文本函数等。函数的输入可通过"函数库"查找函数直接插入，也可在目标单元格中直接输入函数的名称与参数。本节将介绍用户在进行财务数据计算时主要用到的函数的语法与功能。

1. SUM 函数

语法：SUM(number1,number2,…)

其中，number1,number2,…是所需求和的数值。

功能：用于计算单元格区域中所有数值之和。

2. AVERAGE 函数

语法：AVERAGE(number1,number2,…)

其中，number1,number2,…是所需计算平均值的参数，参数可以是数值或包含数值的名称、数组或引用。

功能：返回其参数的算术平均值。

3. COUNT 函数

语法：COUNT(value1,value2,…)

其中，value1,value2,…是需要计数的参数，参数可以包含或引用不同类型的数据，但只对数字型数据进行计数，忽略文本、逻辑值或空单元格。

功能：返回单元格区域中包含数字的单元格的个数。

4. IF 函数

语法：IF(logical_test,value_if_true,value_if_false)

其中，logical_test 是任何可能被计算为 TRUE 或 FALSE 的数值或表达式；value_if_true 是 logical_test 为 TRUE 时的返回值，如果忽略，则返回 TRUE；value_if_false 是 logical_test 为 FALSE 时的返回值，如果忽略，则返回 FALSE。IF 函数最多可嵌套七层。

功能：用于判断是否满足某个条件，如果满足返回一个值，如果不满足则返回另一个值。

例如，判断 A1 单元格中的数值是否大于 1000，是则返回"是"，否则返回"否"，则在相应单元格中输入公式"=IF(A1>1000,"是","否")"。

5. MAX 函数

语法：MAX(number1,number2,…)

其中，number1,number2,…为单元格区域中所需求的最大值的各个数值，MAX 函数忽略逻辑值及文本。

功能：返回一组数值中的最大值。

6. MIN 函数

语法：MIN(number1,number2,…)

其中，number1,number2,…为单元格区域中所需求的最小值的各个数值，MIN 函数忽略逻辑值及文本。

功能：返回一组数值中的最小值。

7. SLN 函数

语法：SLN(cost,salvage,life)

其中，cost 表示固定资产原值；salvage 表示固定资产使用年限终了时的剩余价值；life 表示折旧的时间期限，也称固定资产的使用寿命。

功能：返回某项固定资产按直线折旧法计算的每期折旧金额。

例如，要计算图 3-10 中固定资产的月折旧额，以"厂房"的月折旧额为例，进行如下操作。

	A	B	C	D	E	F
1	项目	使用年限	净残值率	净残值	原始价值	月折旧额
2	厂房	20年	4%	80000	2000000	
3	设备	5年	4%	60000	1500000	
4	车辆	5年	4%	24000	600000	
5						

图3-10　固定资产数据

在"公式"选项卡下插入并搜索 SLN 函数（或在财务函数中查找 SLN 函数），弹出"函数参数"对话框，将函数参数填入相应的文本框：在"cost"文本框中输入"E2"，在"salvage"文本框中输入"D2"，在"life"文本框中输入"20*12"，如图3-11 所示。而后单击"确定"按钮返回到 F2 单元格，如图 3-12 所示，便得出了厂房采用直线折旧法计提的月折旧额为 8000 元。

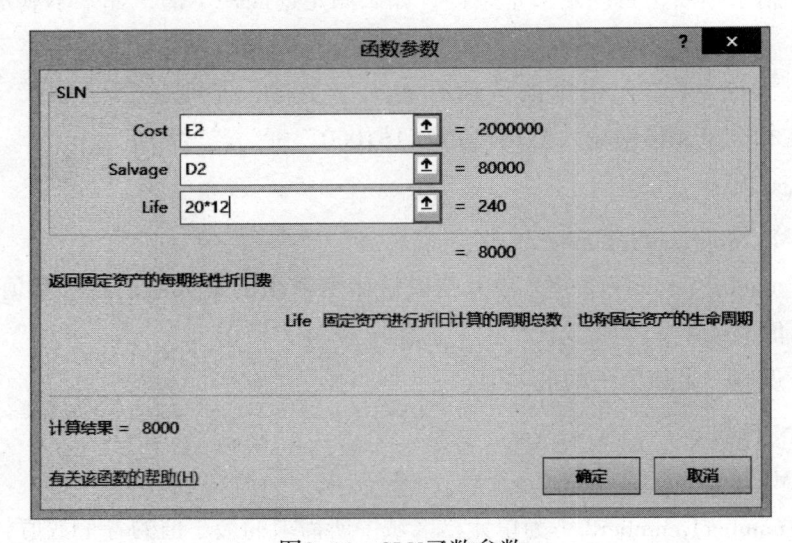

图3-11　SLN函数参数

图3-12　SLN函数的应用

8. SYD 函数

语法：SYD(cost,salvage,life,per)

其中，cost 表示固定资产原值；salvage 表示固定资产使用年限终了时的剩余价值；life 表示折旧的时间期限，也称固定资产的使用寿命；per 表示已计提折旧的时间，其单位与 life 相同。

功能：返回某项固定资产按年数总和法计算的每期折旧金额。

9. DDB 函数

语法：DDB(cost,salvage,life,period,factor)

其中，cost 表示固定资产原值；salvage 表示固定资产使用年限终了时的剩余价值；life 表示折旧的时间期限，也称固定资产的使用寿命；period 表示已计提折旧的时间，其单位与 life 相同；factor 表示余额递减速率，若省略，则采用默认值为 2。

功能：使用双倍余额递减法，返回某项固定资产指定期间内的折旧金额。

3.2　制作财务表格（财务表格、会计报表）

在企业的日常经营过程中，现金支取是最常见的业务活动之一，故现金支票的使用在企业的经营过程中也较为频繁。随着会计信息化的发展，企业将原始凭证电子化保存成为一种大趋势，方便企业的随时调用和查看。本节将以现金支票为例，介绍如何使用 Excel 软件进行现金支票的制作和填制。

3.2.1　制作图表

启动 Excel 2016，将"Sheet1"工作表的名称修改为"现金支票"。

（1）制作存根

①设置行高和列宽

选择 A 列，单击"开始"→"单元格"下的"格式"按钮，在弹出的下拉列表中选择"列宽"选项，在弹出的"列宽"对话框中输入"1"，然后单击"确定"按钮完成设置。

用相同的方法将 B 列的列宽设置为"2"，D、E、F 列的列宽均设置为"3.5"。

选择第 2 行，单击"开始"→"单元格"下的"格式"按钮，在弹出的下拉列表中选择"行高"选项，在弹出的"行高"对话框中输入"6"，然后单击"确定"按钮完成设置。

用相同的方法将第 3 行的行高设置为"32"，第 4 行的行高设置为"25"，

②输入文本信息并设置对齐方式

选中 C3：E3 单元格区域，在"开始"→"对齐方式"选项下单击"合并后居中"按钮，并在该区域中输入文本"中国工商银行"；分别将 C4：E4、F3：F4 单元格区域合并后居中，并在 C4、F3 单元格中输入文本"现金支票存根""（津）"。

分别合并 C6：F6、C7：F7、C8：F8 单元格区域，并将对齐方式设置为左对齐，在 C6 单元格中输入文本"附加信息"。

在 C10、C11、C12、C13、C14 单元格中分别输入文本"出票日期""收款人：""金额："、"用途："、"单位主管"。

分别合并 D10：F10、D11：F11、D12：F12、D13：F13 单元格区域，并将对齐方式设置为左对齐。

将 D14：F14 单元格区域合并后居中，并输入文本"会计"。

③为表格添加边框并设置其他内容

将 C3 和 C4 单元格中的文本加粗。

设置 F3 单元格中文本的字体为"隶书"，字体颜色设置为"红色"。

将其他单元格区域的文本字号设置为"9"。

选中 C3 单元格，单击鼠标右键选择"设置单元格格式"命令，在弹出的对话框中选择"对齐"选项卡，然后在"垂直对齐"下拉列表中选择"靠下"选项，单击"确定"按钮完成设置。

用相同的方法将 C4 单元格的垂直对齐方式设置为"靠上"对齐。

为 C3：F14 单元格区域添加"外侧框线"，分别为 C7：F8、C11：F13 单元格区域添加"所有框线"。

这样，现金支票存根部分就制作完毕了，存根样式如下图所示。

图3-13 现金支票存根样式

（2）制作支票

①设置列宽

将G、H、I列的列宽均设置为"3"，J列的列宽设置为"5"，K列的列宽设置为"8.5"，L列的列宽设置为"7"，M、O列的列宽设置为"2"，N列的列宽设置为"4.5"，P列的列宽设置为"5.5"，Q列的列宽设置为"3.5"，R列的列宽设置为"6.5"，S列的列宽设置为"0.54"，T列至AD列的列宽设置为"1.5"，AE列的列宽设置为"2"。

②输入文本并设置对齐方式

分别将K3：N3、P3：R3、T3：W3、I5：I12单元格区域合并后居中，并分别输入文本"中国工商银行""现金支票""（津）""本支票付款期限十天"。

分别在J4、J5、J9、J11、M4、O4、Q4、R4、R5单元格中输入文本"出票日期（大写）""收款人：""用途：""上列款项请从我账户内支付出票人签章""年""月""日""付款行名称：""出票人账号："。

分别合并J4：K4、J5：Q5、J11：K13、R4：T4、U4:AD4、R5：T5、U5：AD5单元格区域，并将对齐方式设置为左对齐。

将J6：K7、R12：S12、Y12：Z12单元格区域合并后居中，并分别输入文本"人民币（大写）""复核""记账"。

分别合并L6：R7、Q9：R9、T9：AD9、Q10：AD10、Q11：R11单元格区域。

分别在T6、U6、V6、W6、X6、Y6、Z6、AA6、AB6、AC6、AD6单元格输入文

本"亿""千""百""十""万""千""百""十""元""角""分"。

注：将同一行文字换成多个段落时，在需要分段的位置单击鼠标，将光标插入后按组合键"Alt+Enter"进行换行。

③为表格添加边框并设置其他内容

将 K3 单元格中的文本字号设置为"20"并加粗；P3 单元格中的文本字体设置为"黑体"、字号为"20"，字体颜色设置为"红色"；T3 单元格中的文本字体设置为"隶书"、字号为"20"，字体颜色设置为"红色"；I5 单元格中的文本字号设置为"10"。

将其他单元格区域的文本字号设置为"9"。

将 J11 单元格的垂直方式设置为"靠上"。

分别为 I3：AE14、J6：AD7、Q10：AD10 单元格区域添加"外侧框线"，为 T6：AD7 单元格区域添加"所有框线"。

④添加和设置图案底纹与银行标志

选择 L6 单元格，单击鼠标右键选择"设置单元格格式"命令，在弹出的对话框中点击"填充"选项卡，在"图案颜色"下拉列表中选择"红色"，在"图案样式"下拉列表中选择"细 水平 条纹"选项，然后，单击"确定"按钮完成设置。

选择"插入"→"插图"下的"图片"按钮，打开"插入图片"对话框，单击列表中的"工商银行 logo.jpg"选项，然后单击"插入"按钮。将鼠标光标放在图片的右上角，当其变为双箭头的形状时，按住鼠标左键不放并向下拖动以调整图片大小；将鼠标光标放在图片上，按住鼠标左键不放拖动图片至文本"中国工商银行"前，拖动后的图片如下图所示。

图3-14 现金支票样式

单击调整好的图片，按住鼠标左键的同时按住"Ctrl"键不放，将图片拖动至左侧存根部分的文本"中国工商银行"前，用上面相同的方法调整图片的大小和位置，完成图片的复制和添加，如下图所示。

图3-15　加入银行标志后的支票存根

⑤隐藏网格线并添加虚线

单击"视图"选项卡，取消选中"显示"选项组中的"网格线"选项，从而隐藏工作表中的网格线。

选中 G3：H14 单元格区域，单击鼠标右键选择"设置单元格格式"命令，在弹出的对话框中点击"边框"选项卡，在"样式"列表中选择虚线，在"边框"选项中添加中间边框的选项，如下图所示，最后，单击"确定"按钮完成设置。

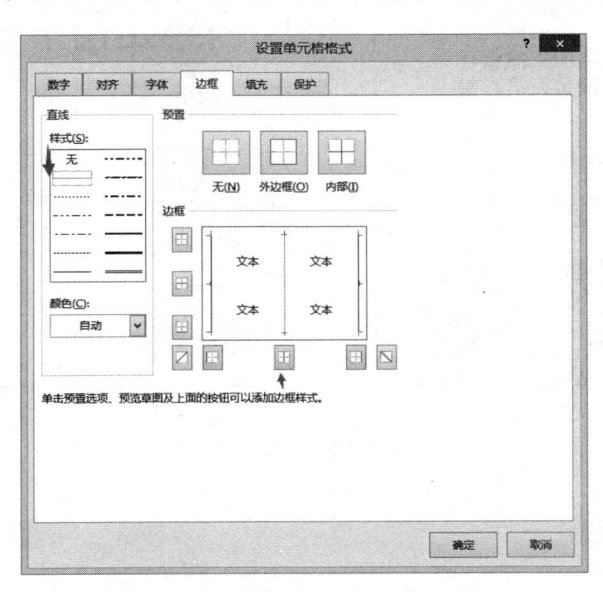

图3-16　"设置单元格格式"对话框

这样，现金支票就制作完成了，制作好的现金支票样式如下图所示。

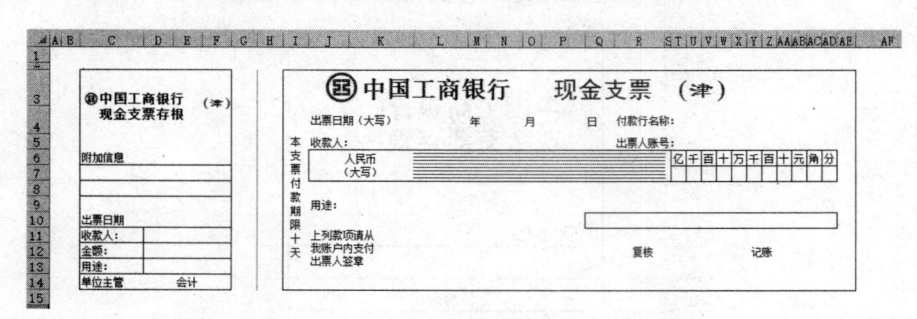

图3-17　现金支票

3.2.2　填制图表

（1）填制存根信息

在"出票日期"处填写2017/5/7，并通过"设置单元格格式"对话框设置其日期格式，将其显示为"2017年5月7日"。在"收款人"处填写"天津融剂厂"，输入"金额"为"400000"，设置其数字格式为"会计专用"，设置小数位数为"2"，选择货币符号"￥"。在"用途"处输入"购买原材料"。填写好后的存根如下图所示。

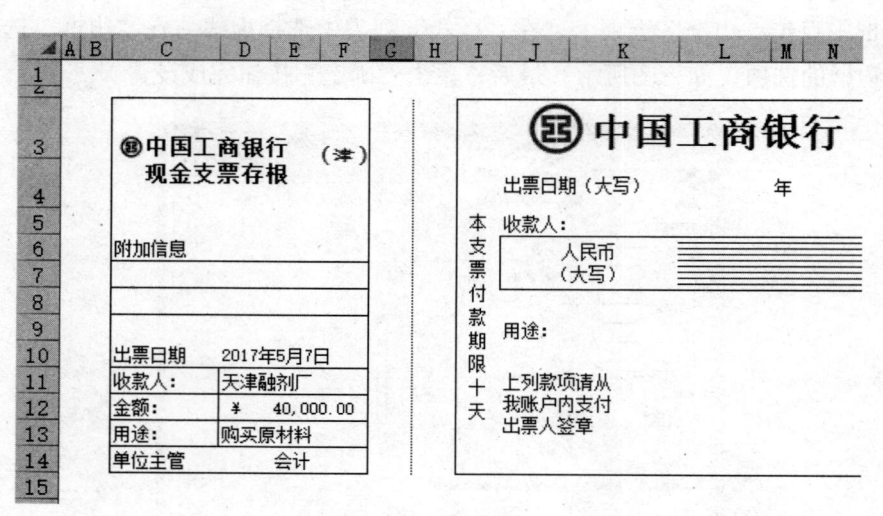

图3-18　支票存根

（2）填制支票信息

①填写出票日期

在 L4 单元格的编辑栏中输入公式 "=TEXT(MID(YEAR(D10),1,1),"[dbnum2]")&TEXT(MID(YEAR(D10),2,1),"[dbnum2]")&TEXT(MID(YEAR(D10),3,1),"[dbnum2]")&TEXT(MID(YEAR(D10),4,1),"[dbnum2]")",按 "Enter" 键计算出相应的结果。

在 N4 单元格的编辑栏中输入公式 "=IF(MONTH(D10)<=9," 零 "&TEXT(MONTH(D10),"[dbnum2]"),IF(MONTH(D10)=10," 零 壹 拾 ",IF(MONTH(D10)>10, TEXT(MID(MONTH(D10),1,1),"[dbnum2]")&" 拾 "&TEXT(MID(MONTH(D10),2,1),"[dbnum2]"))))",按 "Enter" 键计算出相应的结果。

在 P4 单元格的编辑栏中输入公式 "=IF(DAY(D10)<=9," 零 "&TEXT(DAY(D10),"[dbnum2]"),IF(OR(DAY(D10)=10,DAY(D10)=20,DAY(D10)=30),TEXT(MID(DAY(D10),1,1),"[dbnum2]")&" 拾 ",TEXT(MID(DAY(D10),1,1),"[dbnum2]")&" 拾 "&TEXT(MID (DAY(D10),2,1),"[dbnum2]")))",按 "Enter" 键计算出相应的结果。

②填写金额

在 L6 单元格的编辑栏中输入公式 "=SUBSTITUTE(SUBSTITUTE(IF(ROUND(D12,2),TEXT(D12, "; 负 ")&TEXT(INT(ABS(D12)+0.5%),"[dbnum2]G/ 通用格式圆 ;;")&TEXT(RIGHT(TEXT(B2,".00"),2),"[dbnum2]0 角 0 分 ;; 整 "),)," 零角 ", IF(D12^2<1,," 零 "))," 零分 "," 整 ")",按 "Enter" 键计算出相应的结果。

在 T7 单元格的编辑栏中输入公式 "=IF(D12>=100000000,MID(RIGHTB(D12*100,11),1,1), IF(D12>=10000000,"¥",""))",按 "Enter" 键计算出相应的结果。

在 U7 单元格的编辑栏中输入公式 "=IF(D12>=10000000,MID(RIGHTB(D12*100,10),1,1), IF(D12>=1000000,"¥",""))",按 "Enter" 键计算出相应的结果。

在 V7 单元格的编辑栏中输入公式 "=IF(D12>=1000000,MID(RIGHTB(D12*100,9),1,1), IF(D12>=100000,"¥",""))",按 "Enter" 键计算出相应的结果。

在 W7 单元格的编辑栏中输入公式 "=IF(D12>=100000,MID(RIGHTB(D12*100,8),1,1), IF(D12>=10000,"¥",0))",按 "Enter" 键计算出相应的结果。

在 X7 单元格的编辑栏中输入公式 "=IF(D12>=10000,MID(RIGHTB(D12*100,7),1,1),IF(D12>=1000,"¥",0))",按 "Enter" 键计算出相应的结果。

在 Y7 单元格的编辑栏中输入公式 "=IF(D12>=1000,MID(RIGHTB(D12*100,6),1,1),IF(D12>=100,"¥",0))",按 "Enter" 键计算出相应的结果。

在 Z7 单元格的编辑栏中输入公式 "=IF(D12>=100,MID(RIGHTB(D12*100,5),1,1),

IF(D12>=10,"¥",0))", 按"Enter"键计算出相应的结果。

在 AA7 单元格的编辑栏中输入公式 "=IF(D12>=10,MID(RIGHTB(D12*100,4),1,1), IF(D12>=1,"¥",0))", 按"Enter"键计算出相应的结果。

在 AB7 单元格的编辑栏中输入公式 "=IF(D12>=1,MID(RIGHTB(D12*100,3),1,1), IF(D12>=0.1,"¥",0))", 按"Enter"键计算出相应的结果。

在 AC7 单元格的编辑栏中输入公式 "=IF(D12>=0.1,MID(RIGHTB(D12*100,2),1,1), IF(D12>=0.01,"¥",0))", 按"Enter"键计算出相应的结果。

在 AD7 单元格的编辑栏中输入公式 "=IF(D12>=0.01,RIGHTB(D12*100,1),0)", 按"Enter"键计算出相应的结果。

③填写其他信息

在"收款人"处输入"天津溶剂厂","用途"为"购买原材料"。在"付款行名称"后输入"工商东丽支行",并输入"出票人账号"405123456789,并将数字格式改为"文本"格式。

通过以上文本和公式的输入,填制完成后的现金支票样式如下图所示。

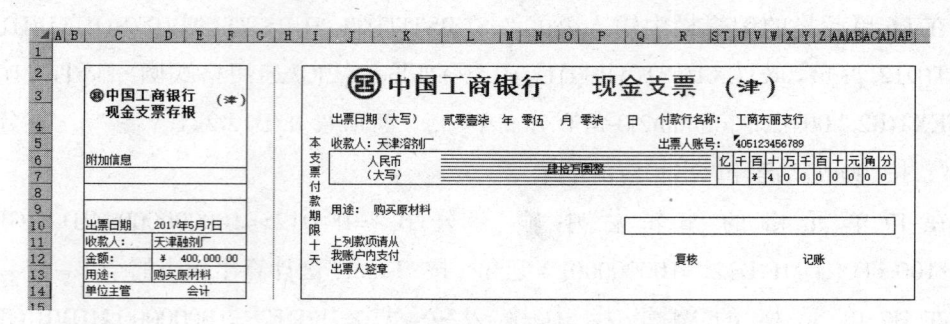

图3-19 填制完成后的现金支票

3.3 Excel财务数据管理

当今社会已经进入云计算和大数据时代,每天都会生成大量且越来越多样化的财务数据,快速获取与处理这些财务数据生成决策所需信息的能力日益成为竞争制胜的因素。Excel 作为代表性的财务数据管理软件,已经成为快速处理财务数据的不二之选,利用 Excel 进行财务数据的管理,极大地提高了人们统计、分析、预测、预算与决策的能力,同时还极大地提高了工作效率。

3.3.1 创建财务数据清单

（一）在Excel中构建财务数据清单，输入财务数据时，应当按照以下规则：

1. 数据清单的大小和位置

在规定数据清单大小及定义数据清单位置时，应遵循以下规则：

（1）应避免在一个工作表上建立多个数据清单。因为数据清单的某些处理功能（如筛选等）一次只能在同一个工作表的一个数据清单中使用。

（2）在工作表的数据清单与其他数据间至少留出一个空白列和空白行。在执行排序、筛选或插入自动汇总等操作时，有利于 Excel 2010 检测和选定数据单。

（3）避免在数据清单中放置空白行、列。

（4）避免将关键字数据放到数据清单的左右两侧，因为这些数据在筛选数据清单时可能被隐藏。

2. 列标志

在工作表上创建数据清单，使用"列标志"时应注意以下事项：

（1）在数据清单的第一行里创建列标志，Excel 将使用这些"列标志"创建报告，并查找和组织数据。

（2）"列标志"使用的字体，对齐方式、格式、图案、边框和大小样式，应当与数据清单中的其他数据的格式相区别。

（3）如果将"列标志"和其他数据分开，应使用单元格边框（而不是空格和短线）在标志行下插入一行直线。

3. 行和列内容

在工作表上创建数据清单，输入行和列的内容时应该注意：

在设计数据清单时，应使用同一列中的各行有近似的数据项。

（二）设置数据清单

在对财务数据清单进行管理时，一般将财务数据清单视为一个数据库。在 Excel 中，数据清单的行相当于数据库中的记录，行标题相当于记录表。

步骤1：打开一个 Excel 工作簿，在工作表中选择需要设置的单元格；

步骤2：在"字体"选项板中设置"字体"为"黑体"，"字号"为20，"字形"为"加粗"，设置底色为黄色，选择 A1 单元格，在行标上单击鼠标右键，在弹出的快捷菜单中选择"行高"选项，弹出"行高"对话框，在"行高"文本框中输入32，单击"确定"按钮，即可查看创建的数据清单效果。

图3-20　数据清单示例

3.3.2　数据清单的排序

（一）按照数据大小进行排序

在 Excel 数据清单中，我们可以很容易地对数据清单中的数据进行排序操作，从而可以使得数据清单随时处于有序的状态。下面对单元格中数据的升降序进行排列。

1. 选择要排序的单元格，右击，在弹出的快捷菜单中选择"排序→升序"即可。
2. 还可以在选择单元格区域后，单击功能区中的"排序"按钮，选择"升序"即可。
3. 降序排列的操作方法

快速对数据进行降序排列的操作与上述升序操作类似，大致包括右键操作和功能区按钮操作两种，此处不再进行赘述。

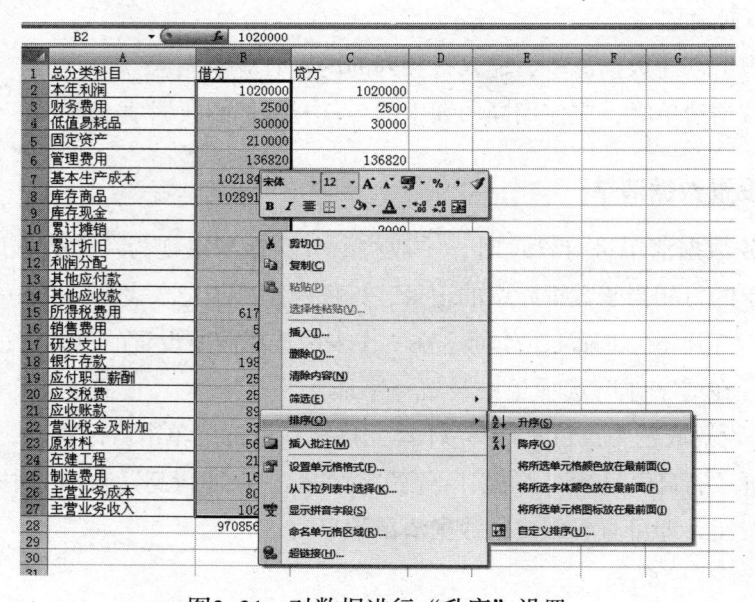

图3-21　对数据进行"升序"设置

（二）按照汉字笔画进行排序

在 Excel 工作表中，对数据清单中的内容进行排序的方法有很多种，当数据清单中存在较多的汉字内容时，我们就可以按照汉字笔画进行排序，其具体操作如下：

步骤 1：打开工作表，选择所需进行排序的单元格区域，右键单击所选择区域，在弹出的下拉列表中选择"排序"中的"自定义排序"。

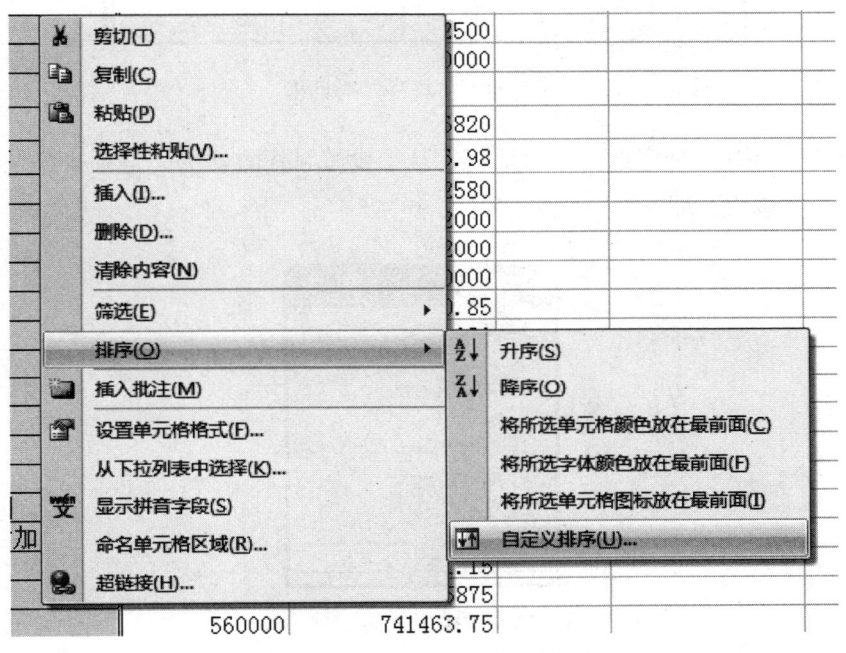

图3-22　"自定义排序"选项

步骤 2：在弹出的提示信息对话框中，选中"以当前选定区域排序"，点击"排序"，在打开的"排序"对话框中，选择"选项"按钮。

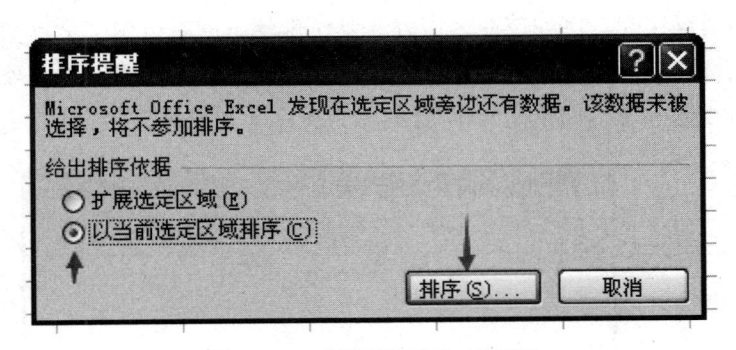

图3-23　"排序提醒"对话框

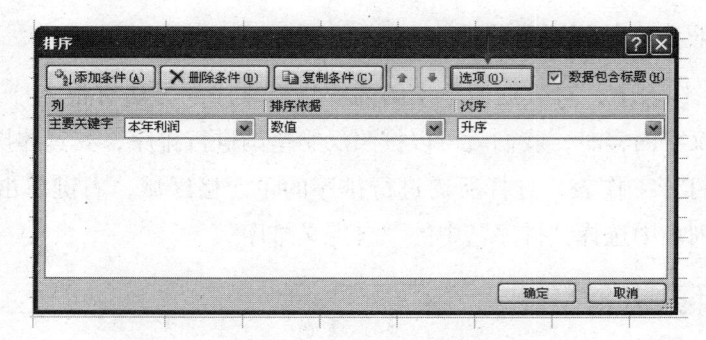

图3-24 "排序"对话框

步骤3：打开"排序选项"对话框，从中设置排序方法为"笔画排序"。设置完成后，单击"确定"即可。

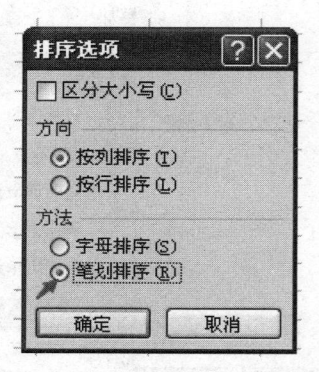

图3-25 "排序选项"对话框

（三）按照多个关键字排序

在一般的排序操作中，都是针对某一个字段进行排序，如果要是按照多个字段进行排序时该如何操作呢？例如按照"借方"升序排列，同时按照"贷方"降序排列。

步骤1：选定所需排序的数据清单后，打开"排序"对话框，从中设置主要关键字。选择列为"借方"，排序条件为"数值"，次序为"升序"。

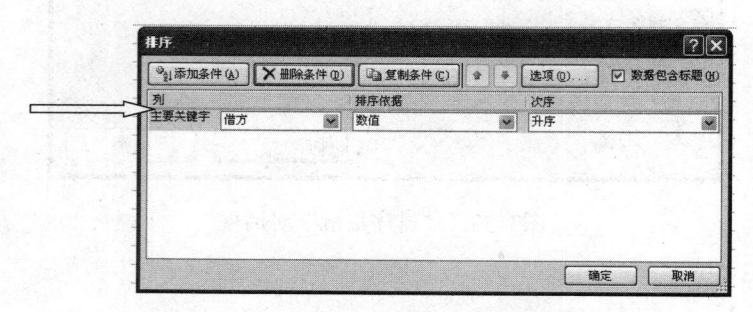

图3-26 设置主要关键字

步骤2：单击"添加条件"按钮，设置次要关键字选择列为"贷方"，排序条件为"数值"，次序为"降序"，最后单击确定按钮即可。

图3-27 设置次要关键字

*在上述操作中只设置了两个关键字，可以用同样的方法设置更多的关键字，在Excel2010中最多可以设置64个关键字同时进行排序。

（四）在利用Excel进行财务数据的管理时经常会遇到字母和数字组成的数据内容，如商品货物的编号等，那么如何利用排序功能对此类数据进行排序呢？

图3-28 排序效果

步骤1：打开数据清单，在进行排序之前，创建一个辅助列。具体方法是，在D2单元格中输入公式"=LEFT（C2,1）&TEXT（RIGHT（C2,LEN(C2)-1），"0000"）"，之后将其向下复制公式至D11。

图3-29 创建辅助列

步骤2：在辅助列选中的状态下，执行升序排列。此时，Excel系统会自动弹出"排序提醒"对话框，选中"扩展选定区域"，最后点击"排序"即可。

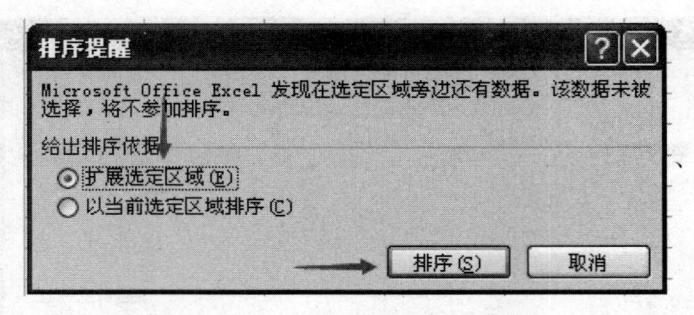

图3-30 "排序提醒"对话框

*注意：如果在执行这样的操作时，不创建辅助列，而对仓库位置列直接进行排序，将会因为Excel按照对字符逐位比较并执行排序而产生错误。

3.3.3 数据清单的筛选

在利用Excel进行财务数据的管理方面，除了排序功能以外，还有一个非常重要的功能——"筛选"。筛选可以用于按照某个特定条件选出相匹配的数据，下面我们会对筛选操作进行详细的介绍。

在Excel 2010中，打开的筛选列表中的所显示的惟一值最多可以显示10,000个选项，而在Excel 2003及更早期的版本中，只能显示1000个唯一值。我们在进行筛选的过程中，由于所选择的字段的不同，在打开的列表中所显示的筛选条件也是不尽相同的，如文本筛选，颜色筛选，数字筛选和日期筛选等。

（一）实例演示如何进行筛选操作

步骤1：打开数据清单，选择要执行筛选操作列的任意一个单元格，单击功能区中"数据"选项卡中的"筛选"按钮。

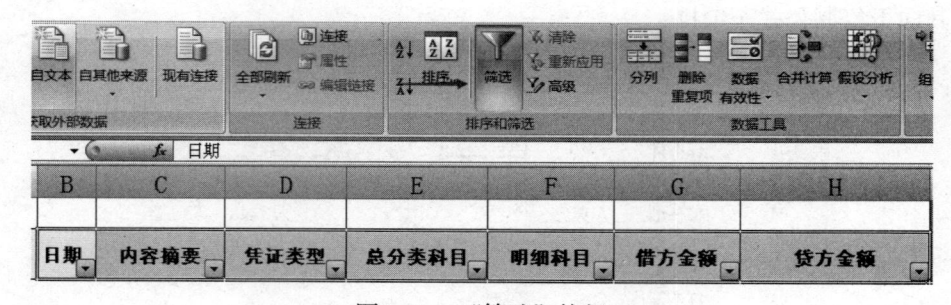

图3-31 "筛选"按钮

步骤 2：启用筛选功能后，在数据清单中的数据列中的标题单元格会出现一个下拉箭头，单击该下拉箭头，在弹出的下拉菜单中选择相应的筛选选项。

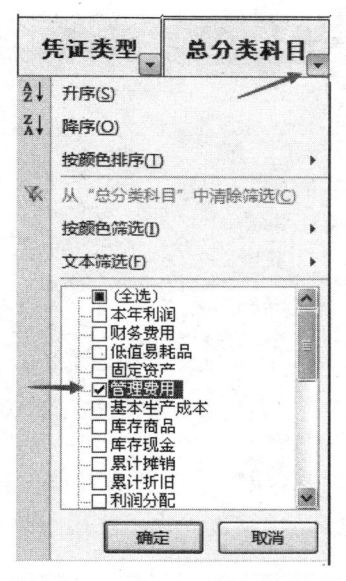

图3-32　按照文本筛选

步骤 3：选择完成后，单击"确定"即可得到所要筛选的结果。

步骤 4：按数字筛选。对于数值型的数据来说，利用"数字筛选"功能则是一个非常简洁的方法，接下来我们将介绍一下按数字筛选的操作。在此，选择"介于"选项。

图3-33　按照数字筛选

步骤 5：打开"自定义自动筛选方式"对话框，从中设置自己所需的筛选条件并单击确认。

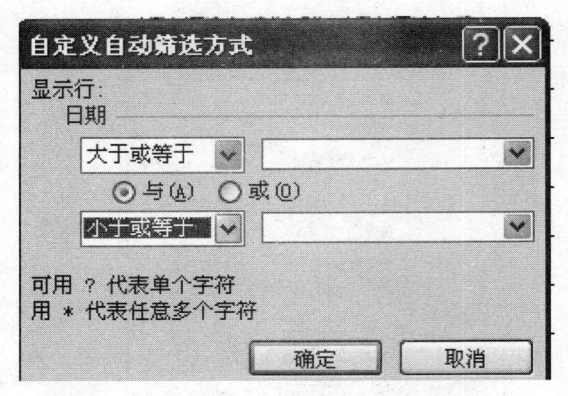

图3-34　"自定义自动筛选方式"对话框

步骤 6：如果选择"10个最大的值"，在打开的"自动筛选前10个"对话框中，则会自动筛选出 10 个最大值，该项筛选操作主要用于筛选出最大或最小的 n 个选项。

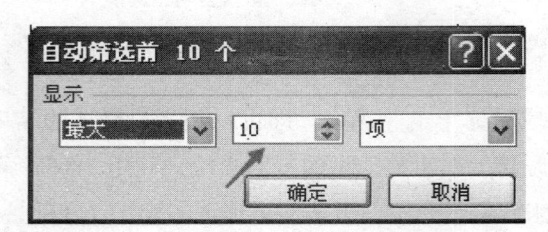

图3-35　"自动筛选前10个"对话框

步骤 7：如果选择"自定义筛选"的选项，将打开"自定义自动筛选方式"对话框，从中进行我们所需的筛选条件的设置即可。

＊该对话框设置的条件中，不区分大小写字母。

图3-36　"自定义自动筛选方式"对话框

* 其余的一些基本筛选方式，如按照日期筛选，按照文本筛选等均与上述操作类似，此处不再做赘述。

（二）迅速按照目标单元格的特征进行筛选

在进行筛选操作时，基本的操作是按照单元格的特征来进行筛选相似单元格。

步骤1：打开数据清单，选择要在数据清单中筛选的目标单元格，例如，我们在会计分录中筛选出所有的管理费用。

步骤2：右击目标单元格，在弹出的下拉菜单中选择"筛选"→"按所选单元格的值筛选"选项。

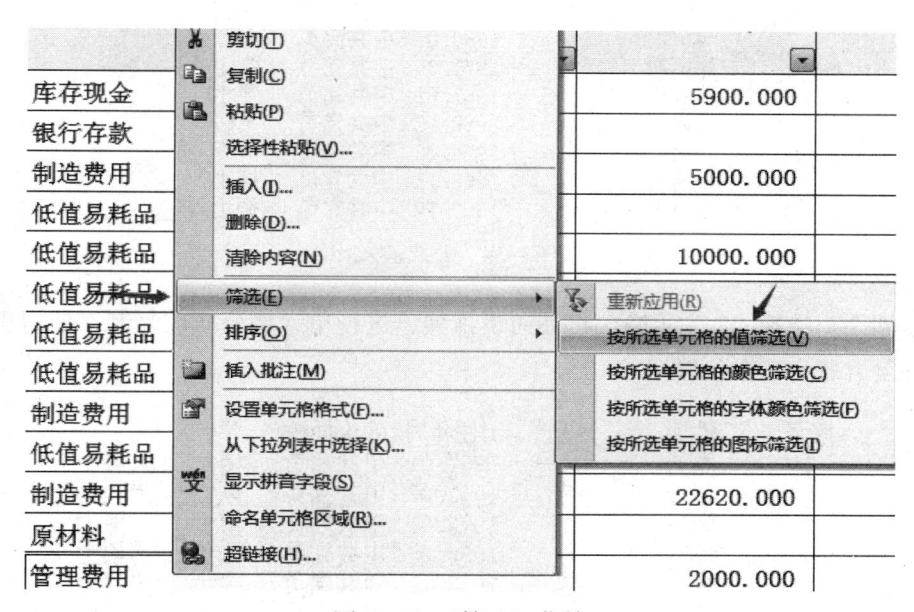

图3-37 "筛选"菜单

步骤3：完成步骤2后，返回数据清单，即可发现在会计分录数据清单中，所有一级科目为管理费用的单元格已经全部筛选出来了。

* 如果所要筛选的目标单元格的特征为文本、数字或者日期等，则可以选择"按所选单元格的值筛选"选项进行筛选。

如果特征为单元格颜色，则可选择"按所选单元格的颜色筛选"选项。所选特征为字体颜色、单元格图标操作类似，此处不再赘述。

（三）利用Excel进行多条件的筛选

在Excel中进行筛选操作时，不仅仅可以设置单列数据的筛选，还可以对多列数据同时设置筛选条件，以便于筛选出更加符合我们条件的数据。例如，职工基础信息数据清单中选出女博士和男硕士的信息。

步骤 1：打开数据清单，首先创造一个辅助列，在后面一列单元格中输入公式“=C2&F2”，之后敲下回车键进行确认。

SUM　=C2&F2

A	B	C	D	E	F	G
序号	姓名	性别	出生年月	政治面貌	学位	
1	高涵	女	1957.01	中共党员	博士	=C2&F2
2	张强	男	1962.02	中共党员	硕士	
3	曹宇	女	1972.01	中共党员	博士	
4	孙殿明	男	1956.08	中共党员	硕士	
5	张杰	男	1953.11	中共党员	学士	
6	叶飞	女	1953.12	中共党员	党校	
7	杨琼	女	1964.08	中共党员	大专	
8	张丽琴	女	1971.05	中共党员	学士	
9	张礼卿	男	1967.09	中共党员	学士	
10	王晓红	女	1968.12	中共党员	党校	
11	齐兰	女	1954.06	中共党员	大专	
12	杨金关	男	1968.11	中共党员	博士	
13	李飞霞	女	1969.12	中共党员	硕士	

图3–38　公式输入

步骤 2：选择 G2 单元格，将其向下拖拽，进行单元格公式的复制，使得多个筛选条件复合成为一个条件。

序号	姓名	性别	出生年月	政治面貌	学位	
1	高涵	女	1957.01	中共党员	博士	女博士
2	张强	男	1962.02	中共党员	硕士	男硕士
3	曹宇	女	1972.01	中共党员	博士	女博士
4	孙殿明	男	1956.08	中共党员	硕士	男硕士
5	张杰	男	1953.11	中共党员	学士	男学士
6	叶飞	女	1953.12	中共党员	党校	女党校
7	杨琼	女	1964.08	中共党员	大专	女大专
8	张丽琴	女	1971.05	中共党员	学士	女学士
9	张礼卿	男	1967.09	中共党员	学士	男学士
10	王晓红	女	1968.12	中共党员	党校	女党校
11	齐兰	女	1954.06	中共党员	大专	女大专
12	杨金关	男	1968.11	中共党员	博士	男博士
13	李飞霞	女	1969.12	中共党员	硕士	女硕士

图3–39　公式复制

步骤 3：选择功能区中“数据”选项卡中的“筛选”按钮，在 G1 单元格中会出现一个筛选下拉按钮，单击该下拉按钮，在下拉菜单中选择女博士和男硕士。

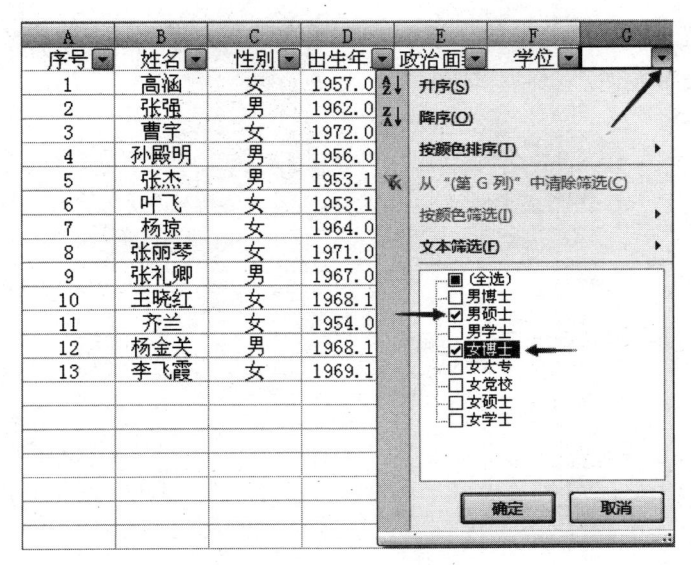

图3-40　进行文本筛选

步骤4：完成步骤3后，单击"确定"按钮即可，筛选完成后可以删除辅助列，以使得数据清单更为美观。

图3-41　多条件筛选结果

（四）利用高级筛选功能

在上述所介绍的筛选操作中，可以视为自动筛选操作，区别自动筛选的为"高级筛选"。在此篇介绍中，我们介绍一下如何在工作表以及要筛选的单元格区域或表的单独条件区域中输入高级条件进行筛选。

步骤1：在数据清单的下方，键入标题行，并在其中输入筛选条件的表达式。

日期	内容摘要	凭证类型	总分类科目	明细科目	借方金额	贷方金额
			管理费用		>5000	
			原材料			<200000

图3-42　筛选条件设置

步骤2：选择数据清单中的任意一个数据单元格，然后单击功能区中"数据"选项卡中的"高级"按钮。

E	F	G	H
库存商品	茶几		221640.000
应交税费	应交增值税-转出未交增值税	33922.000	
应交税费	未交增值税		33922.000
营业税金及附加		3392.200	
应交税费	应交城市维护建设税		2374.540
应交税费	教育费附加		1017.660
本年利润		995292.200	
主营业务成本	木椅		580940.000
主营业务成本	茶几		221640.000
管理费用			136820.000
财务费用			2500.000
销售费用			50000.000
营业税金及附加			3392.200
主营业务收入	木椅	720000.000	
主营业务收入	茶几	300000.000	
本年利润			1020000.000
所得税费用		6176.950	
应交税费	应交所得税		6176.950
本年利润		6176.950	
所得税费用			6176.950
本年利润		18530.850	

图3-43 "数据"选项卡中的"高级"按钮

步骤3：在打开的"高级筛选"对话框中，选择"在原有区域显示筛选结果"，设置"列表区域"和"条件区域"。

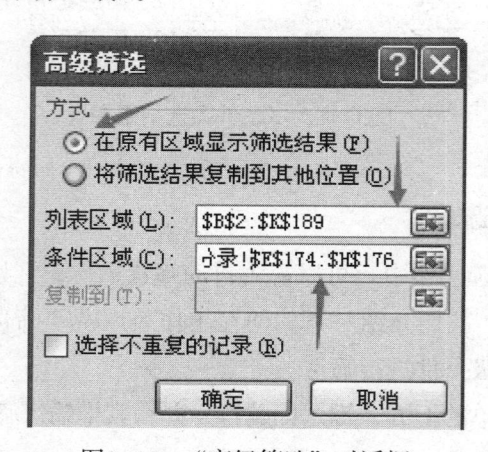

图3-44 "高级筛选"对话框

步骤4：步骤3完成后，单击"确定"按钮后，即可在原有区域中筛选出按照设定的条件筛选出的数据。

（五）筛选出数据清单中的重复值

我们如何利用Excel选出数据清单中的重复值呢？利用Excel的高级筛选功能可以

做到。

步骤1：打开要查找重复值的两个数据清单，选择功能区"数据"选项卡中"筛选"按钮下的"高级"按钮，打开相应的对话框，设置列表区域。

图3-45　设置列表区域

步骤2：单击"条件区域"，设置所要对比的条件区域，也可以直接输入。

图3-46　设置条件区域

步骤3：选择"将筛选结果复制到其他位置"按钮，从中指定筛选结果要输出到的第一个单元格位置，单击"确定"即可。

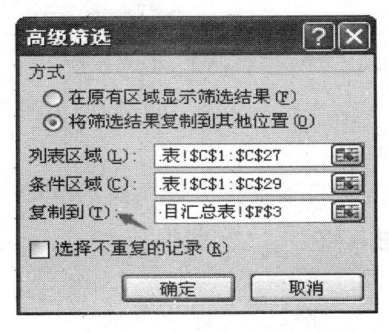

图3-47　筛选结果输出位置的设定

＊清除筛选的操作。

清除数据清单中某一列的筛选操作。若要清除某一列的筛选操作，可单击该列标题上的"筛选"按钮，选择"从（列名）中清除筛选"选项。如从"性别"中清除筛选。

清除数据清单中的所有筛选并重新显示所有行。此时，可以单击功能区中的"数据"选项卡中的"清除"按钮。

（六）模糊筛选

在我们对数据清单进行筛选操作时，有时我们不能明确指定筛选的条件，可以使用通配字符进行替代。通配符的应用原则与查找/替换中的功能是一致的，在这个原则中"？"（半角）代表一个字符，"＊"代表多个连续字符。

步骤1：打开数据清单并选择其中的任意一个数据单元格，之后选择功能区选项卡中"数据"选项卡中的"筛选"按钮，数据清单进入筛选模式后，选择"总分类科目"列中的下拉箭头，在弹出的列表中选择"文本筛选"→"自定义筛选"。

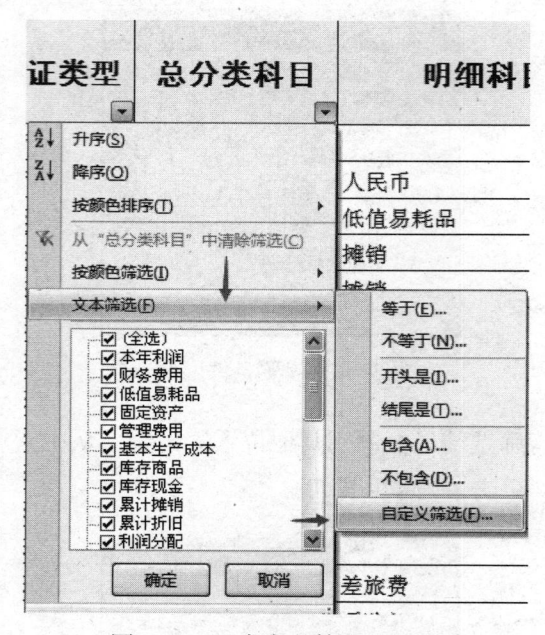

图3-48　"自定义筛选"选项

步骤2：在弹出的"自定义自动筛选方式"对话框中，从中进行相应的设置，设置条件为"等于"，之后设置其值为"？？费用"。

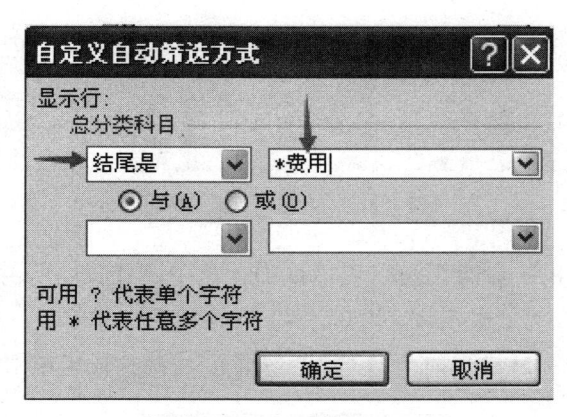

图3-49 "自定义自动筛选方式"对话框

步骤3：在完成步骤2的设置后，单击"确定"按钮，即可看到模糊筛选的结果。

除了在"自动筛选"过程中使用模糊筛选外，在"高级筛选"过程中，也可以使用，其执行条件也是一致的，在设置筛选条件时，也可使用通配符，用"？"""进行相应的代替。

3.3.4 数据清单的分类汇总

数据清单的分类汇总是一种很简单的数据分析方式，它用于为所选数据清单中的目标单元格自动插入总计，合并汇总多个相关的目标数据行。我们财务工作中经常要与Excel二维数据清单碰面，所以需要根据数据清单中某列数据字段对数据进行分类汇总。

（一）按指定的分类字段汇总

此处需要重点说明的是，在执行分类汇总操作之前，要对分类项字段进行排序操作。

步骤1：打开数据清单，选择名称列中的任意一个目标单元格，之后进行升序（降序）排列。此处我们进行升序操作，选择功能区中的"数据"选项卡下的"升序"按钮。

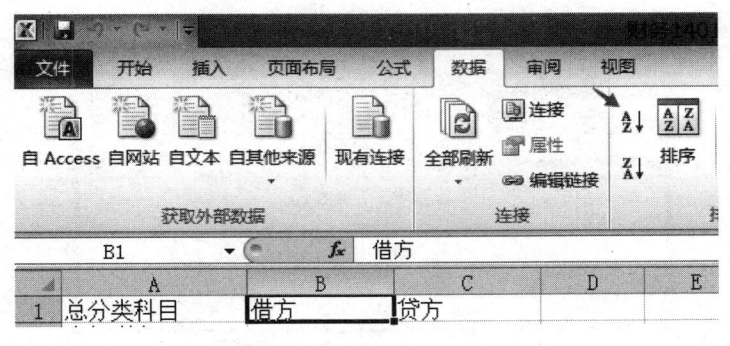

图3-50 "升序"排列

步骤2：对数据清单进行升序操作后，选择该选项卡下的"分类汇总"按钮。

图3-51　"分类汇总"按钮

步骤3：在弹出的"分类汇总"对话框中，从中设置我们所需要汇总的条件，此处我们设置分类字段为"总分类科目"，汇总方式为"求和"，选定汇总项为"借方""贷方"，撤销对"替换当前分类汇总"选项的勾选，最后单击确认即可。

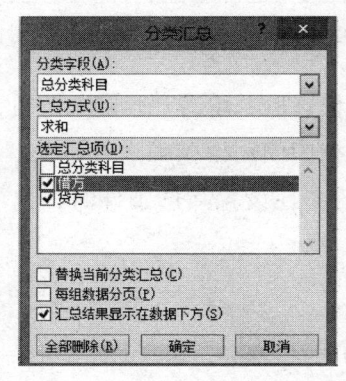

图3-52　"分类汇总"对话框

步骤4：完成步骤3的设置后，即可得到相应的结果。

（二）运用多字段进行分类汇总

前面介绍了按照一个字段进行分类汇总的技巧，此处我们将介绍如何运用多个字段进行分类汇总操作。只需要按照分类字段的优先级依次进行分类汇总即可。

步骤1：在执行多字段分类汇总操作时，应当首先按照分类字段选项的优先级来对数据清单进行排序（参照之前讲过的操作技巧），打开"排序"对话框，并对主要和次要关键字进行设置。

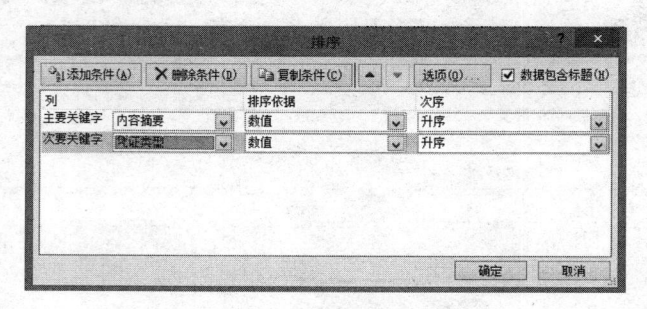

图3-53　"排序"对话框

步骤2：排序工作完成后，单击"确定"按钮，返回到数据清单的编辑区，对数据清单进行分类汇总操作。

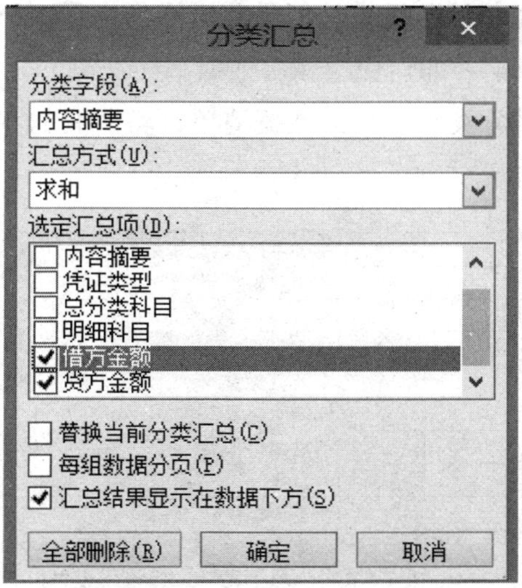

图3-54　对"内容摘要"进行分类汇总

步骤3：对"内容摘要"字段进行分类汇总后，再对"凭证类型"进行同样的分类汇总操作即可。

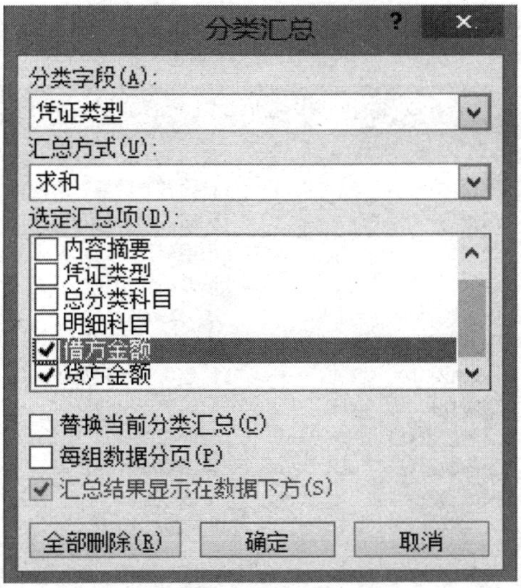

图3-55　对"凭证类型"进行分类汇总

步骤4：所有操作均完成后，就会实现按照多个字段进行分类汇总。

(三）输出分类汇总结果

在对数据清单实行分类汇总操作之后，要想将分类汇总结果输出并形成一个新的数据清单，一般会使用复制粘贴操作，但是此类操作之后，所得到的将不仅仅是分类汇总的数据，下面我们来学习如何快速输出数据。

步骤1：打开执行过分类汇总后的数据清单，将所有的明细数据隐藏后，之后选择所有的数据清单的数据区域。

图3-56 进行分类汇总后的数据清单

步骤2：单击"查找和选择"按钮，在弹出的下拉菜单中选择"定位条件"选项，在弹出的对话框中，选择"可见单元格"按钮。

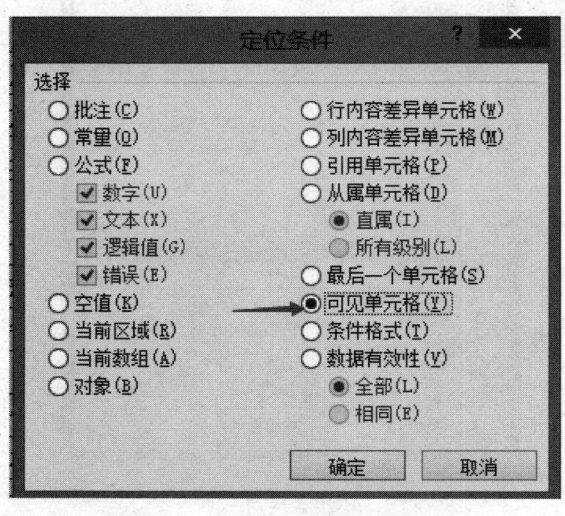

图3-57 "定位条件"对话框

步骤3：设置完成后，单击"确定"按钮回到数据清单的编辑区，然后复制整个数据区域。

日期	内容摘要	凭证类型	总分类科目	明细科目	借方金额	贷方金额
	安装生产线 汇总				10000.000	0.000
	报销差旅费 汇总				2500.000	0.000
	车间购买办公用品 汇总				12000.000	0.000
	车间花费 汇总				2000.000	0.000
	车间劳务费 汇总				12000.000	0.000
	车间消耗机物料 汇总				22620.000	0.000
	刀具摊销 汇总				20000.000	0.000
	发工资 汇总				123420.000	0.000
	发生广告费用 汇总				10000.000	0.000
	分配成本 汇总				745448.230	0.000
	个人负担五险一金及个人所得税 汇总				32580.000	0.000
	购进固定资产 汇总				200000.000	0.000
	购买材料 汇总				460000.000	0.000

图3-58　分类汇总结果

步骤4：打开要输出数据的工作表，将所复制的数据粘贴，此时就会发现新的数据清单中只有分类汇总的数据。

3.3.5　使用数据透视表分析数据

数据透视表，是一种交互式的表，可以进行某些计算，如求和与计数等。可以动态地改变版面布置，以便按照不同方式分析数据。它是Excel表格提供的又一便捷的数据分析工具。能够较快地将所需数据呈现在表格或图形中。

（一）创建数据透视表

创建数据透视表是一种快速汇总大量数据的方法。使用数据透视表可以深入的分析数值数据，可以看到财务数据更深层次的意义。

步骤1：打开数据清单，选择表中的任意一个单元格，单击功能区"插入"选项卡中的"数据透视表"按钮，在弹出的下拉菜单中选择"数据透视表"选项。

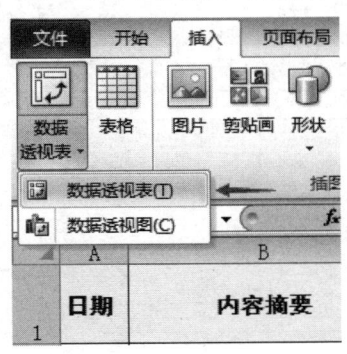

图3-59　"数据透视表"按钮

步骤2：打开"创建数据透视表"对话框，从中对表/区域进行设置，之后再设置"选择放置数据透视表的位置"为"新工作表"。

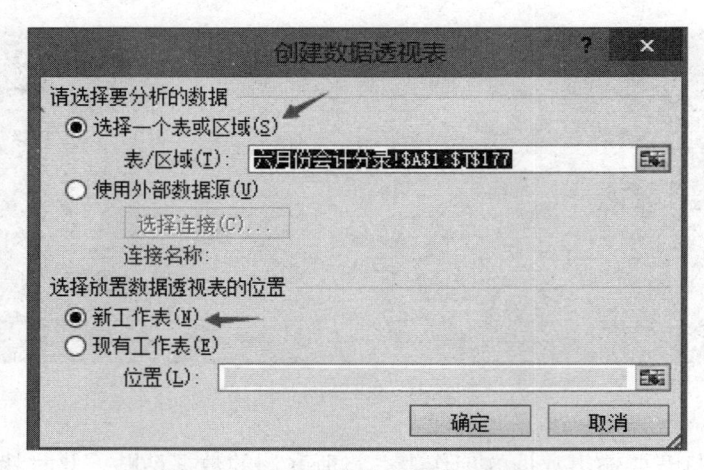

图3-60 "创建数据透视表"对话框

步骤3：完成设置后，单击"确定"按钮，进入数据透视表的视图界面。

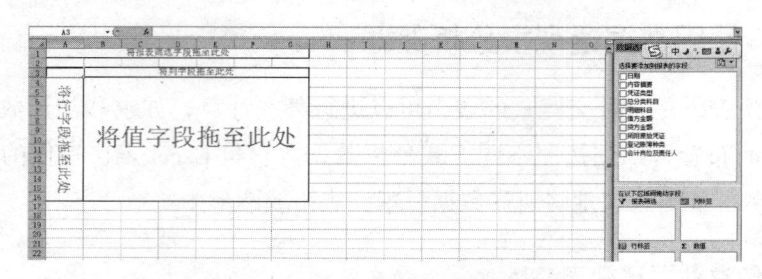

图3-61 数据透视表的视图界面

步骤4：在窗口右侧的"数据透视表字段列表"中包含所有字段，选择字段并将其拖拽至下方的区域中即可成功创建数据透视表。

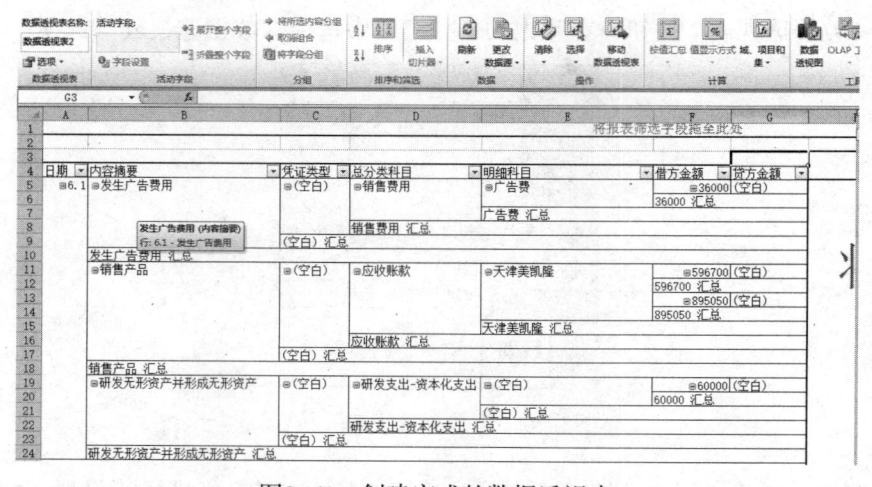

图3-62 创建完成的数据透视表

(二)组合数据透视表内的日期项

在实际的财务工作中,我们的许多数据清单经常是按照日期进行统计的。因此,难以体现出某个时间段内的统计信息。在这种情况下,我们可以通过对日期项进行分组来得到我们想要的统计结果。

步骤1:打开数据清单中的数据透视表,我们可以看到透视表中按照日期记录了当天所发生的金额。

图3-63 数据透视表

步骤2:在行列表区域中选择所要分组的单元格,单击鼠标右键,在弹出的快捷菜单中选择"创建组"选项。

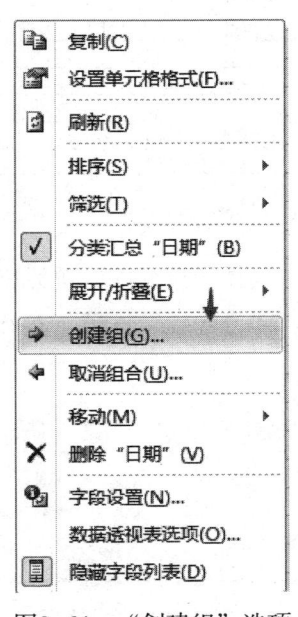

图3-64 "创建组"选项

步骤 3：完成步骤 2 后，我们可以将六月份的会计分录中的借贷方的发生额分为上中下旬三个数据组，分别为数据组 1,2,3 来进行依次查询。

六月份	日期	总分类科目 本年利润 求和项:借方金额	数据 求和项:贷方金额	财务费用 求和项:借方金额	求和项:贷方金额
数据组1		2,520,000			
数据组2					
数据组3					
(空白)	(空白)		2,520,000	9,600	9,600
总计		2,520,000	2,520,000	9,600	9,600

图3-65　分组完成后的数据透视表

（三）在数据透视表中添加计算项

"计算项"是指通过对原有字段选项进行计算，从而在数据透视表中插入新的选项。只要创建了自定义的计算项，Excel 就允许在数据透视表中使用它们。

		总分类科目	数据				
		本年利润		财务费用		低值易耗品	
六月份	日期	求和项:贷方金额	求和项:借方金额	求和项:贷方金额	求和项:借方金额	求和项:贷方金额	求和项:借方金额
数据组1			2,520,000				30,000
数据组2							
数据组3							
(空白)	(空白)	2,520,000		9,600	9,600	30,000	
总计		2,520,000	2,520,000	9,600	9,600	30,000	30,000

图3-66　原有数据透视表

本年利润-财务费用	
求和项:贷方金额	求和项:借方金额
0	2,520,000
0	0
0	0
2,510,400	-9,600
2,510,400	2,510,400

图3-67　添加计算项后

步骤 1：打开数据透视表，选择"列标签"单元格，打开功能区中"数据"选项卡下"选项"按钮，选择"域、项目和集"选项，在弹出的下拉菜单中，选择"计算项"选项。

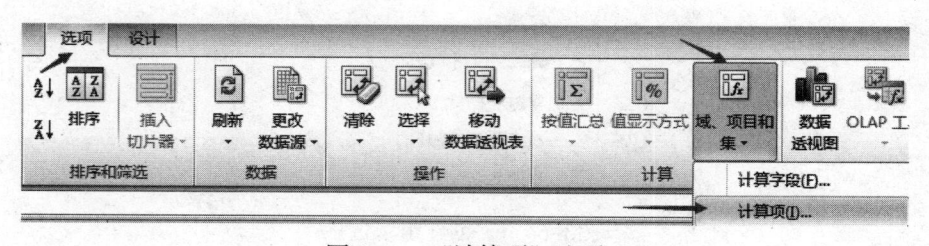

图3-68　"计算项"选项

步骤 2：在弹出的对话框中，在"名称"文本框中输入"本年利润 – 财务费用"，在"公式"文本框中输入"= 本年利润 – 财务费用"，单击"确定"即可。

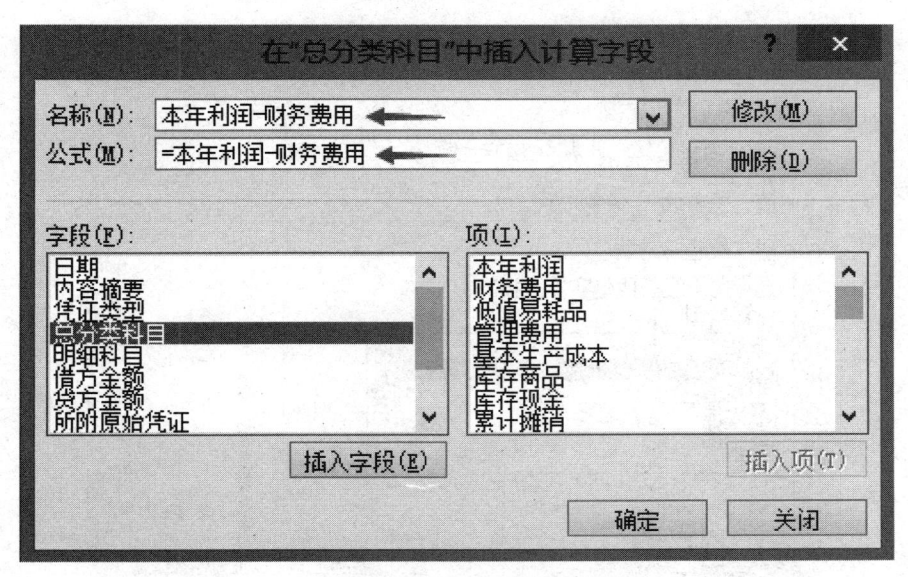

图3-69 "在'总分类科目'中插入计算字段"对话框

步骤 3：单击"确定"按钮，即可将数据透视表中的数据源更换为新的数据源。

（四）使用数据透视表进行计算

在使用数据透视表的过程中，我们可以对其进行各种计算，如求和、计数、求平均值等。

步骤 1：在数据透视表中的数据区域中选择任意一个单元格，选择功能区"数据"选项卡下"选项"按钮下的"字段设置"按钮。

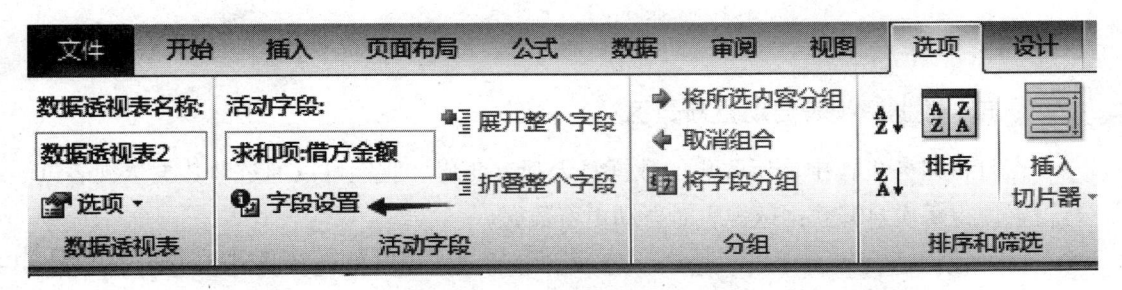

图3-70 "字段设置"按钮

步骤2：打开"值字段设置"对话框，在"值汇总方式"选项卡中进行设置。设置所要计算的类型。

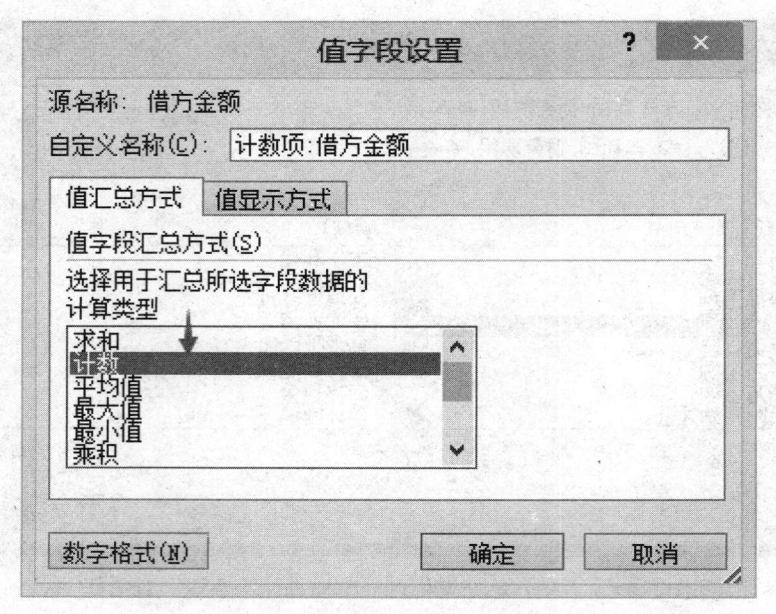

图3-71 "值字段设置"对话框

步骤3：选择"计数"选项后，单击"确定"按钮，即可统计出我们所需的数据。

六月份	日期	总分类科目 本年利润 计数项:贷方金额	数据 计数项:借方金额	财务费用 计数项:贷方金额	计数项:借方金额
⊞数据组1			3		
⊞数据组2					
⊞数据组3					
⊟(空白)	(空白)	1		1	1
总计		1	3	1	1

图3-72 统计结果

（五）数据透视表自动更新数据

在日常财务工作中，所收集的数据每天都有变化，我们可以通过对数据透视表进行设置使得每次打开数据透视表时自动更新数据。

打开数据透视表，单击"选项"选项卡中的"选项"按钮。打开相应的对话框，切换到"数据"选项卡，勾选"打开文件时自动刷新"复选框，单击"确定"按钮。重启 Excel 即可生效。

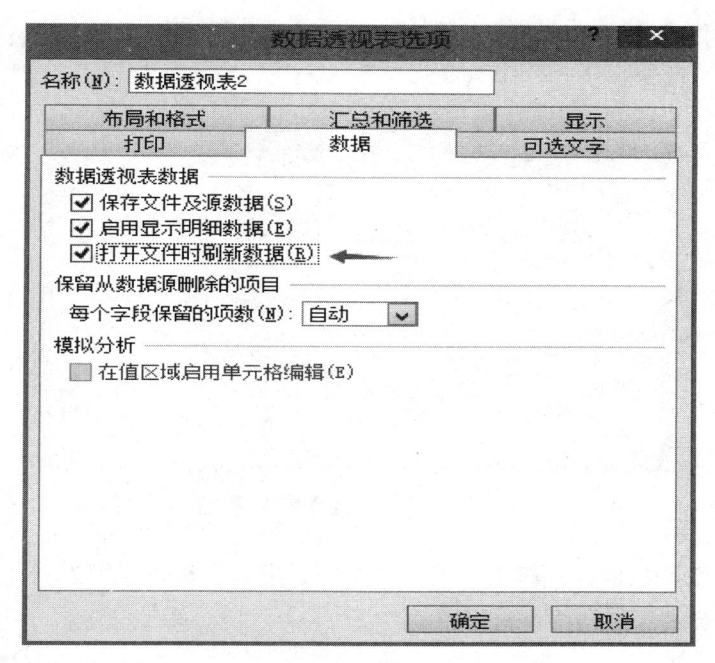

图3-73 "数据透视表选项"对话框

(六)制作数据透视图

数据透视图是以图形形式表示数据透视表中的数据,此时数据透视表称为相关联的数据透视表。与标准图表一样,数据透视图也将显示数据系列、类别、标准和坐标轴。

步骤1:打开数据清单,选择"插入"选项卡中的"数据透视表"按钮,在展开的列表中选择"数据透视图"按钮。

图3-74 "数据透视图"按钮

步骤2：打开"创建数据透视表及数据透视图"对话框，从中设置"表/区域"，并设置其位置为新工作表。

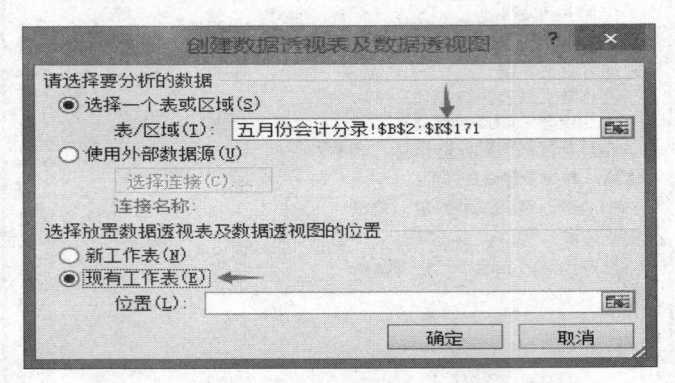

图3-75　"创建数据透视表及数据透视图"对话框

步骤3：设置完成后，单击"确定"按钮，进入数据透视图界面。在右侧的"数据透视表字段列表"窗格中进行设置。

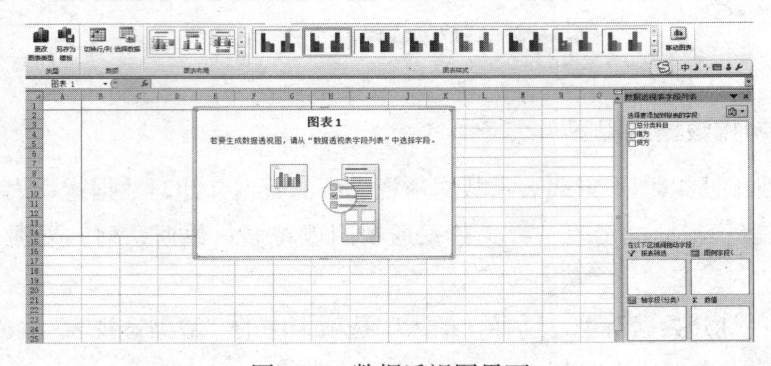

图3-76　数据透视图界面

步骤4：将"总分类科目"拖至"轴字段"，将"借方""贷方"拖拽至"数值"区。即可创建相应的图表。

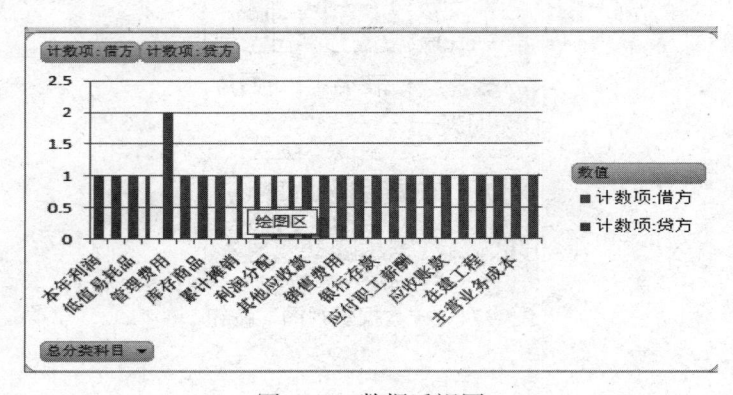

图3-77　数据透视图

第四章

现代家私企业第一期资金业务预算设计

4.1 预算基础理论与方法

4.1.1 预算

1. 预算的含义

预算是通过对企业内外部环境的分析,在科学的生产经营预测与决策基础上,用价值和实物等多种形态反映企业未来一定时期的投资、生产经营及财务成果等一系列的计划和规划。

预算包含的内容不仅仅是预测,它还涉及有计划地巧妙处理所有变量,这些变量决定着公司未来努力达到某一有利地位的绩效。预算(或利润计划)可以说是控制范围最广的技术,因为它关系到整个组织机构而不仅是其中的几个部门。

一个预算就是一种定量计划,用来帮助协调和控制给定时期内资源的获得、配置和使用。编制预算可以看成是将构成组织机构的各种利益整合成一个使各方都同意的计划,并在试图达到目标的过程中,说明计划是可行的。贯穿正式组织机构的预算计划与控制工作把组织看成是一系列责任中心,并努力把测定绩效的一种系数与测定该绩效影响效果的其他系数区别开来。

2. 预算的作用

预算就是用数字编制未来某一个时期的计划,也就是用财务数字(例在财务预算和投资预算中)或非财务数字(例如在生产预算中)来表明预计的结果。西方与我国习惯所用的"预算"概念,在含义上有所不同。在我国"预算"一般是指经法定程序批准的政府部门、事业单位和企业在一定时期的收支预计。西方的预算概念则是指计划的数量说明,而不仅是金额方面的反映。

(1)预算是一种计划,从而编制预算的工作是一种计划工作。

预算内容可以简单地概括为三个方面:

第一,为实现计划目标的各种管理工作的收入(或产出)与支出(或投入)各是多少;

第二,为什么必须收入(或产出)这么多数量,以及为什么需要支出(或投入)这么多数量;

第三,什么时候实现收入(或产出)以及什么时候支出(或投入),必须使得收入与支出取得平衡。

（2）预算是一种预测，它是对未来一段时期内的收支情况的预计。确定预算数字的方法可以采用统计方法、经验方法或工程方法。

（3）预算主要是一种控制手段。编制预算实际上就是控制过程的第一步——拟定标准。由于预算是以数量化的方式来表明管理工作的标准，其本身就具有可考核性，因而有利于根据标准来评定工作成效，找出偏差（控制过程的第二步），并采取纠正措施，消除偏差（控制过程的第三步）。无疑，编制预算能使确定目标和拟定标准的计划工作得到改进。但是，预算最大价值还在于它对改进协调和控制的贡献。当为组织的各个职能部门都制定了预算时，就为协调组织的活动提供了基础。同时，由于对预期结果的偏离将更容易被查明和评定，预算也为控制工作中的纠正措施奠定了基础。所以，预算有助于管理层进行更好的计划和协调，并为控制提供基础，这正是编制预算的基本目的。

如果要使一项预算对任何一级的主管人员真正具有指导和约束作用，预算就必须反映该组织的机构状况。只有充分按照各部门业务工作的需要来制定、协调并完善计划，才有可能编制一个足以作为控制手段的分部门的预算。

把各种计划缩略为一些确切的数字，以便使主管人员清楚地看到哪些资金由谁来使用，将在哪些单位使用，并涉及哪些费用开支计划、收入计划和实物表示的投入量和产出量计划。主管人员明确了这些情况，就有可能放心地授权给下属，以便使之在预算的限度内去实施计划。

3. 预算的种类

从预算所涵盖的内容范围来看，主要分为经营预算、资本预算和财务预算。

（1）经营预算

经营预算又称日常业务预算，是指与企业日常经营活动直接相关的经营业务的各种预算，具体包括销售预算、生产预算、直接材料消耗及采购预算、直接工资及其他直接支出预算、制造费用预算、产品生产成本预算、经营及管理费用预算等，这些预算前后衔接，既有实物量指标，又有价值量和时间量指标。

（2）资本预算

资本预算又称特种决策预算，最能直接体现决策的结果，它实际是中选方案的进一步规划。如资本投资预算是长期投资计划的反映，它是为规划投资所需资金并控制其支出而编制的预算，主要包括与投资相关的现金支付进度与数量计划，综合表现为各投资年度的现金收支预计表。

（3）财务预算

财务预算作为预算体系中的最后环节，可以从价值方面总括地反映经营期资本预算与业务预算的结果，亦称为总预算，其余预算则相应称为辅助预算或分预算。财务预算在预算管理体系中占有举足轻重的地位，它主要包括现金预算、预计利润表、预计资产负债表。

①现金预算。现金预算一般由现金收入、现金支出、现金多余或不足及资金的筹集与运用等四个部分组成。现金预算是企业现金管理的重要工具，它是以各项营业预算和资本预算为基础进行的编制，反映了各预算期内的现金收支情况。其目的在于资金不足时筹措资金，资金多余时及时处理现金余额，发挥现金管理的作用。

②利润表预算。在各项营业预算、资本预算的基础上，根据企业会计准则，可以编制相应的利润表预算。利润表预算与实际利润表的内容、格式相同，只不过数据是面向预算期的。通过编制利润表预算，可以了解企业预期的盈利水平，从而可以帮助管理层及时调整经营策略。

③资产负债表预算。资产负债表预算是利用本期期初资产负债表，根据各项营业预算、资本预算、利润表预算的有关数据加以调整编制的，与实际的资产负债表内容、格式相同，只不过数据是反映期末预期的财务状况。

4. 预算分析

（1）在预算管理上除预算编制和调整外，预算分析也是重要的一环。各单位应建立健全预算分析制度，预算领导小组要定期召开预算分析会议，适时控制预算的执行，确保预算目标的完成。

（2）各单位财务部门每月负责编写预算分析，并报公司财务部。公司财务部负责对各公司上报的预算分析进行汇总，形成总体的预算分析报告，报预算领导小组进行总分析。

（3）预算分析的主要内容包括：

预算执行情况及存在的问题；经营方针、经营策略、增收节支措施对损益性预算的影响；外部经济环境变化对本单位预算的影响；融资风险、偿债能力和财务状况的趋势分析；影响预算完成的其他因素分析；出现偏差的原因及解决偏差的措施。

要求分析不仅仅是数字上的简单罗列，更重要的是分析产生问题的原因、补救的措施以及预计的效果。

（4）各单位要在每年10月开始对全年预算完成情况进行预测，并随预算执行情况报告一并报公司财务部。

（5）各单位也可根据管理需要和特殊情况对预算执行进行不定期分析和专题分析，对于预算执行中发现的重大问题，要及时向公司财务部报告。

（6）各单位月和季度预算执行情况分析报告于次月15日前报公司财务部；年度预算执行情况分析报告于次年1月末前报公司财务部。

5. 预算的考核

（1）公司将主要预算指标纳入承包责任书考核范围，并按照考核办法，每年进行一次考核兑现。

（2）公司财务部建立预算管理工作考核制度，将各单位的日常预算管理工作纳入考核范围，对各单位预算编制、执行、分析、调整等工作进行考核。

（3）单位应建立预算考核制度，定期对所管辖的部门预算执行情况进行考核。对不履行审批手续发生的预算外开支，要追究有关部门和当事人的责任。

（4）预算执行中出现违反财经法纪的情况，按公司有关规定处罚，情节严重的依法追究刑事责任。

全面预算体系中包括有关企业收入、成本、费用的部分，通过对这些因素进行预测，并配合以管理报告与绩效奖惩措施，可以对下一年度的实际经营水平进行日常监控与决策。当公司的收入、成本、费用水平偏离预算时，企业决策者就可以根据管理报告中所反映的问题采取必要的管理措施，加以改进。而且考虑到收入与成本费用间的配比关系，全面预算体系可以为收入水平增长情况下的成本节约提供较为精确的估计。

4.1.2 预算管理

1. 预算管理的涵义

预算管理是指企业在战略目标的指导下，对未来的经营活动和相应的财务成果进行充分、全面的预测和筹划，并通过对执行过程的监控，将实际完成情况与预测目标进行对比分析，从而及时指导经营活动的改善和调整，以帮助管理者更加有效地管理企业和最大限度地实现战略目标。

预算是行为计划的量化，这种量化有助于管理者协调、贯彻计划，是一种重要的管理工具。预算具有以下优点：

（1）制定计划，预算有助于管理者通过计划具体的行为来确定可行的目标，同时能使管理者考虑各种可能的情形；

（2）促进合作与交流，总预算能协调组织的活动，使得管理者全盘考虑整个价值链之间的相互联系，预算是一个有效的沟通手段，能触及企业的各个角落；

（3）有助于业绩评价，通过预算管理各项目标的预测、组织实施，能促进企业各项目标的实现，保证企业各项目标的不断提高和优化，是体现企业业绩的一种好的管理模式；

（4）激励员工。预算的过程会促进管理者及全体员工面向未来，促进发展，有助于增强预见性，避免盲目行为，激励员工完成企业的目标。

正是由于预算管理具备以上优势，它才能在大企业中得以广泛应用，并取得了好的效果。企业预算管理是在企业战略目标的指引下，通过预算编制、执行、控制、考评与激励等一系列活动，全面提高企业管理水平和经营效率，实现企业价值最大化。

2. 预算管理的意义

（1）预算是计划的数量化

预算不是简单的收支预计或仅把预算看作财务数字金额方面的反映，预算是一种资源分配，对计划投入产出内容、数量以及投入产出时间安排的详细说明。通过预算的编制，使企业经理人明确经营目标和工作方向。

（2）预算是一种预测

它是对企业未来一段时间内收支情况的预计，预算执行者可以根据预测到的可能存在的问题、环境变化的趋势，采取措施预做准备，控制偏差，保证计划目标的实现。

（3）预算是一种控制手段

预算以数量化的方式来表明管理工作标准，控制是以确定的管理工作标准，对行动进行度量和纠正偏差，其目的是为了能够实现预期目标。所以预算是一种管理层进行经营活动控制的手段，具体可以分为事前控制、事中控制、事后控制。事前控制是投资项目或生产经营的规划、预算的编制，详细地描述了为实现计划目标而要进行的工作标准。事中控制是一种协调、限制差异的行动，保证预期目标的实现。事后控制是鉴别偏差，纠正不利影响。另外，为了实现有效的控制，管理层应注意有关键意义的进行控制，如为实现预算利润目标，控制的关键点是销售收入、材料采购成本和数额较大的费用成本。

（4）预算管理是一种协调

公司的总预算是由各分预算汇编而成的，从组织预算编制到预算执行，各相关部门必须协商沟通、相互配合，从而有利于管理层工作进行工作协调，导出更好的计划和执行效果，这也是预算管理的基本目的。经董事会批准的预算，表述了计划期企业的业绩展望，所有经理人员和雇员一定要努力工作达到计划目标。预算是预算期之前编制并获得董事会批准的计划，通过实际执行结果与预算之间的差异分析，可以评价相关经理人员和雇员的工作表现。

（5）预算编制有利于完善企业基础管理

预算编制必须有各项相关的定额，如人员、物料消耗定额等。要求定额合理并随定额条件变化而修正。预算的编制与预算控制对信息要求面广量大，要求信息传递及时准确，促进信息管理发展。

（6）精益生产的手段

它是即时供产销的生产经营方式，预算及预算控制是资源的合理配置与调配，也是精益生产适行的管理手段。

（7）预算是考核工作效率、工作质量的标准

预算是以数量化的方式来表明管理工作的标准，其本身具有可考核性，因而可以根据预算执行情况来评定工作成效，分析差异并改进工作。

预算从编制，执行控制到业绩评价，完整地体现了管理为实现预期目标而进行的协调活动。预算管理工作在整个企业管理工作中就像纲与网的关系。建立以预算为中心的管理体系是由于预算在企业管理中的地位和作用决定的。

4.1.3 全面预算管理

1. 全面预算管理的涵义

预算是一种系统的方法，用来分配企业的财务、实物及人力等资源，以实现企业既定的战略目标。企业可以通过预算来监控战略目标的实施进度，有助于控制开支，并预测企业的现金流量与利润。

全面预算反映的是企业未来某一特定期间（一般不超过一年或一个经营周期）的全部生产、经营活动的财务计划，它以实现企业的目标利润（企业一定期间内利润的预计额，是企业奋斗的目标，根据目标利润制定作业指标，如销售量、生产量、成本、资金筹集额等）为目的，以销售预测为起点，进而对生产、成本及现金收支等进行预测，并编制预计损益表、预计现金流量表和预计资产负债表，反映企业在未来期间的财务状况和经营成果。

全面预算管理作为对现代企业成熟与发展起过重大推动作用的管理系统，是企业内部管理控制的一种主要方法。这一方法自从20世纪20年代在美国的通用电气、杜邦、通用汽车公司产生之后，很快就成了大型工商企业的标准作业程序。从最初的计

划、协调，发展到现在的兼具控制、激励、评价等诸多功能的一种综合贯彻企业经营战略的管理工具，全面预算管理在企业内部控制中日益发挥核心作用。正如著名管理学家戴维·奥利所说的，全面预算管理是为数不多的几个能把企业的所有关键问题融合于一个体系之中的管理控制方法之一。

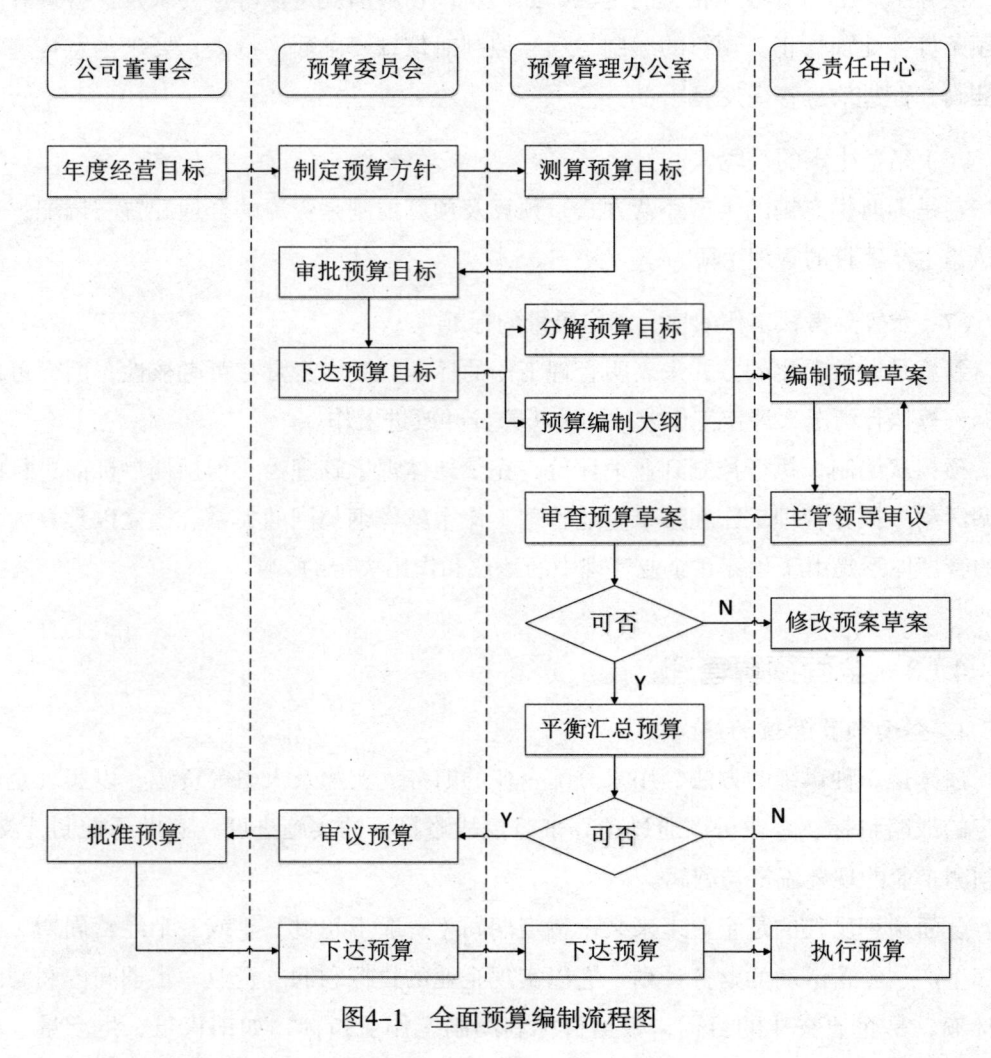

图4-1 全面预算编制流程图

2. 现代企业进行全面预算管理的目的

预算管理是信息社会对财务管理的客观要求，是企业最终达到一流业绩的重要手段之一。市场风云变幻，能否及时把握信息，抓住机遇是企业驾驭市场的关键。

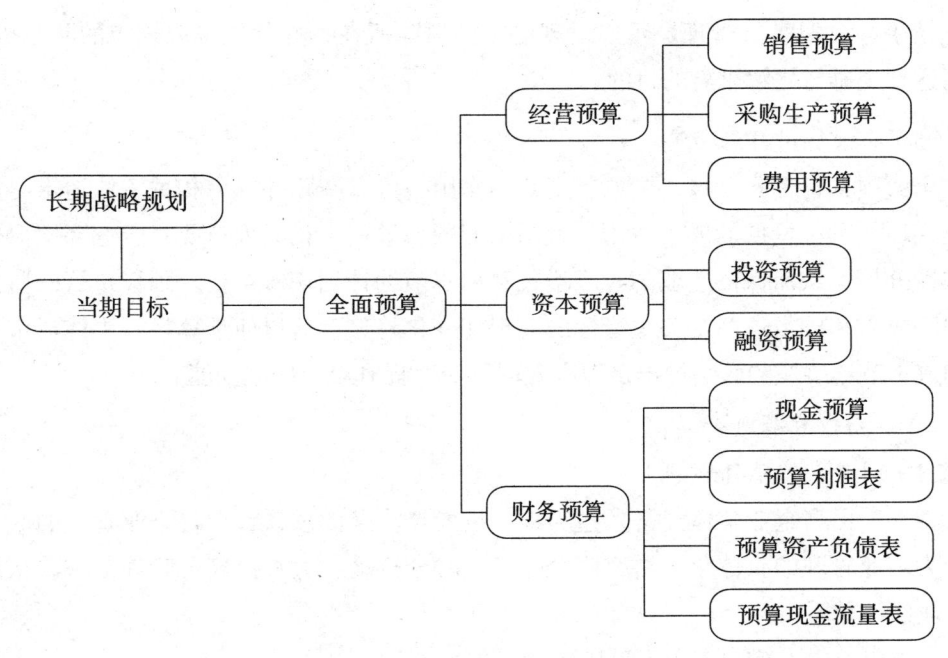

图4-2　全面预算分析图

3. 现代企业全面预算管理的意义

（1）提升战略管理能力

战略目标通过全面预算加以固化与量化，使战略目标在企业内部"落地"；预算的执行与企业战略目标的实现成为同一过程；对预算的有效监控，将确保最大限度地实现企业战略目标。通过预算监控可以发现未能预知的机遇和挑战，这些信息通过预算汇报体系反映到决策机构，可以帮助企业动态地调整战略规划，提升企业战略管理的应变能力。

（2）有效的监控与考核

预算的编制过程向集团企业和子公司双方提供了设定合理业绩指标的全面信息，同时预算执行结果是业绩考核的重要依据。将预算与执行情况进行对比和分析，为经营者提供了有效的监控手段。

（3）高效使用企业资源

预算计划过程和预算指标数据直接体现了（集团公司）各子公司和各部门使用资源的效率以及对各种资源的需求，因此是调度与分配企业资源的起点。通过全面预算的编制和平衡，企业可以对有限的资源进行最佳的安排使用，避免资源浪费和低效使用。

（4）有效管理经营风险

全面预算可以初步揭示企业下一年度的经营情况，使可能的问题提前暴露。参照预算结果，公司高级管理层可以发现潜在的风险所在，并预先采取相应的防范措施，从而达到规避与化解风险的目的。

（5）有效促进开源节流

全面预算管理和考核、奖惩制度共同作用，可以激励并约束相关主体追求尽量高的收入增长和尽量低的成本费用。编制全面预算过程中相关人员要对企业环境变化做出理性分析，从而保证企业的收入增长和成本节约计划切实可行。预算执行的监控过程关注收入和成本这两个关键指标的实现和变化趋势，这迫使预算执行主体对市场变化和成本节约造成的影响做出迅速有效的反应，提升企业的应变能力。

4. 全面预算管理的特点

（1）对未来的精确规划。

（2）以提高企业整体经济效益为根本出发点。全面预算管理将企业管理的职能化整合为企业管理的整体化，讲究联合管理、联合行动，大大提高了管理效率，从而增进企业经济效益。

（3）以价值形式为主的定量描述。

（4）以市场为导向。在企业全面预算的编制、监督、控制与考核中必须始终牢牢树立以市场为导向的管理意识，注意把握市场的特点和变动，揣摩市场规律，并在实际工作中较好地运用规律为企业创造效益。

（5）以企业全员参与为保障。只有企业全体人员重视并积极参与预算编制工作，企业制定的预算才易于被员工接受，才能减少企业管理层和一般员工之间的信息不对称造成的负面影响，为顺利实现企业全面预算管理目标提供保障。

（6）以财务管理为核心。预算的编制、执行、控制和考评等一系列环节，以及众多信息的搜集、传递工作都离不开财务管理工作，财务管理部门是全面预算管理的中坚力量，具有不可替代的重要作用。

4.1.4 预算编制常用方法

1. 增量预算

增量预算是把前一年度实际发生数作为基数，以预算年度企业内外部环境对业务的影响程度作为调整依据进行预算编制的方法。"承认过去发生的是合理的"是使用增量预算方法的前提条件。适用于影响因素简单和以前年度基本合理的预算指标；合理使用增量法，可以减少预算编制的工作量，但应详细说明增减变动原因。

2. 零基预算

零基预算"只考虑未来需求，不考虑历史惯性"，以零为起点对预算期内各项收支的可行性、必要性、合理性逐项审议予以确定收支水平的预算，一般适用于预算编制基础变化较大的预算项目。适用于以前年度可能存在不合理或潜力比较大的预算指标编制；但使用周期不宜过短，否则会增加工作量。

3. 弹性预算

弹性预算是在按照成本（费用）习性分类的基础上，根据量、本、利之间的依存关系编制的预算，一般适用于与业务量有关的成本（费用）、利润等预算项目。适用于变动成本费用预算的编制；变动成本费用的划分，对于某些选择性固定成本费用预算也可以考虑用这种方法编制。

4. 固定预算

固定预算，又称静态预算。是以预算期内正常、可实现的某一业务量（如生产量、销售量）水平作为唯一基础，以上期实际业绩为依据，以单一的会计年度为预算期，确定各项预算指标数据的方法。固定成本费用预算的编制通常适用固定预算编制方法。

5. 概率预算

概率预算是指对在预算期内不确定的各预算构成变量，根据客观条件上，做出近似的估计，估计可能变动的范围及出现在各个变动范围的概率，再通过加权平均计算有关变量在预期内期望值的预算编制方法。适用于预算期变化大的预算指标的编制，也适合长期预算的编制。

6. 定期预算

定期预算，也称为阶段性预算，是指在编制预算时以不变的会计期间（如日历年度）作为预算期的一种编制预算的方法。适用于固定资产、部门费用、咨询费、保险费、广告费等预算的编制。合理使用定期预算，可以减少预算编制的工作量。

7. 滚动预算

滚动预算，又称连续预算或永续预算，是指在编制预算时，将预算期与会计年度脱离开，随着预算的执行不断延伸补充预算，逐期向后滚动，使预算期始终保持为一个固定期间的一种预算编制方法。适用于定期预算以外的指标预算的编制。通常按季度滚动，每季度第三个月中旬着手滚动预算工作。公司全面预算管理在实行两三年后应采用滚动预算编制方法，并进行动态的考核，始终保持预算的完整性、连续性，在动态中把握企业的未来。从而使管理层保持对未来一定时期的生产经营活动做出周详的考虑和全盘规划，保证企业的各项工作有条不紊地进行。

8. 作业基础预算

作业基础预算，是以作业成本计算为基础的一种新型预算管理方法。作业基础预算方法是在传统预算方法的基础上，结合经实践证明行之有效的全面质量管理、作业成本法、作业管理的理念上设计的一种新的预算管理方法。

4.1.5　预算编制时需考虑的因素

1. 企业生命周期不同阶段，预算编制的差异

引入期（以资本为核心）：新型的行业具有需要扩大投资和风险较大的特点，资本支出和现金支出都较大。企业在进行资金的投入，制作预算编制时应以资本为核心，对总投资以及实施项目的资本进行合理预算。

成长期（以销售为核心）：企业在成长期时，外部的市场在扩大，同时竞争者也会逐渐增多。随着市场的扩大，处于成长期的企业会扩大生产，而此时的市场将呈现以销定产的特征，因此，企业预算应该以销售为核心进行编制。

成熟期（以生产为核心）：企业在成熟期，以生产为核心，遵循成本领先原则。此时外部市场需求量较大，企业之间的竞争激烈，企业需要提高生产，以提供市场所需的产品，所以这时应该以生产作为企业预算的核心。

衰退期（以现金流为核心）：行业处在衰退期，利润和销售额下降，这时企业需要加强现金的回流。销售出现负增长，这时企业应以现金流量为核心，控制现金的流入和流出，避免不合理的支出，企业进行预算编制时也应以现金流为核心。

2. 2-8原则（巴莱多定律）

2-8原则（巴莱多定律）指出，在任何一组东西中，最重要的只占其中一小部分，约20%，其余80%尽管是多数，却是次要的。同样，在一个企业中，80%的销售额、利润是由20%的客户决定的。如VIP客户，航空公司客户。因此，企业在进行战略规划时，应抓住关键的少数，而无需事无巨细。企业的成本和费用也涉及这个2-8原则，同样企业在进行全面预算时，2-8原则是不可忽视的。

3. 销售预算策略

销售预算一般是企业生产经营全面预算的编制起点，生产、材料采购、存货费用等方面的预算，都要以销售预算为基础。销售预算把费用与销售目标的实现联系起来。销售预算是一个财务计划，它包括完成销售计划的每一个目标所需要的费用，以保证公司销售利润的实现。销售预算是在销售预测完成之后才进行的，销售目标被分解为多个层次的子目标，一旦这些子目标确定后，其相应的销售费用也被确定下来。

销售预算以销售预测为基础，预测的主要依据是各种产品历史销售量的分析，结合市场预测中各种产品发展前景等资料，先按产品、地区、顾客和其他项目分别进行编制，然后加以归并汇总。根据销售预测确定未来期间预计的销售量和销售单价后，求出预计的收入：

预计销售收入 = 预计销售量 × 预计销售单价

企业长期经营的根本：盈利，经营下去。如图 4-3 所示，变动成本 + 固定成本（不受销量波动的影响）构成产品总成本。总收入线与总成本线相交于一点，即保本点。在这一点上，企业既无盈利也不会亏损，超过这个点的右边区域实现盈利，而该点左侧代表着亏损，所以在进行销售预测时需要考虑保本点。

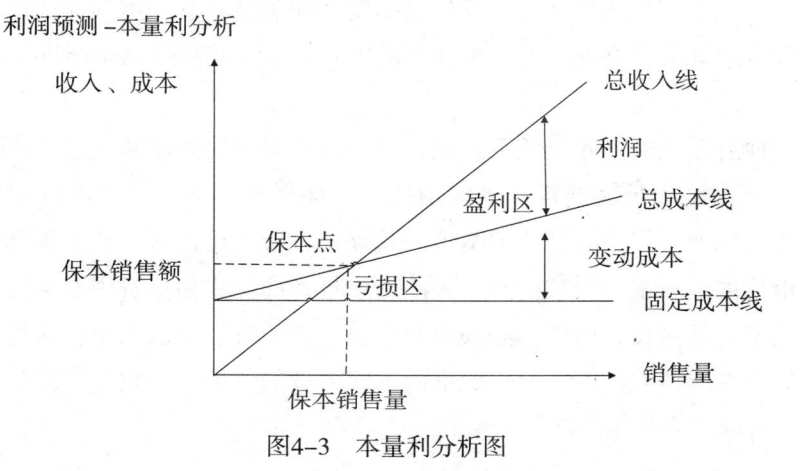

图4-3　本量利分析图

4. 风险预测

企业在进行预测时还应考虑亏损、财务风险、杠杆风险，还有经营风险，大型制造业或贸易公司，若固定成本高，毛利或者边际贡献比较高（销售单价 – 变动成本），销量往往不高，变动成本的利润不足以弥补固定成本，保本点的左边，也是亏损的。

5. 预算工作中的风险

预算工作中存在着一些使预算控制失效的危险倾向，其中一种是预算编制过繁。由于对极细微的支出也作了琐细的规定，致使主管人员管理自己部门需要的自由都丧失了。所以，预算究竟应当细微到什么程度，必须联系到授权的程度进行认真酌定。过细过繁的预算等于使授权名存实亡。

另一种风险是有可能使预算目标取代了企业目标，即发生了目标的置换。在这种情况下，主管人员只是热衷于使自己部门的费用尽量不超过预算的规定，但却忘记了自己的首要职责是千方百计地实现企业的目标。例如，某个企业的销售部门为了不突破产品样本的印刷预算，在全国的订货会上只向部分参加单位提供了产品样本，因此丧失了大量的潜在用户，失去了可能的订货。目标的置换通常是由两个方面的原因引起的：

（1）没有恰当地掌握预算控制的度，例如预算编制得过于琐细，或者制定了过于严厉的制裁规则以保证遵守，还可能制定了有较大吸引力的节约奖励措施，以刺激主管人员尽可能地压缩开支。

（2）为职能部门或作业部门设立的预算标准，没有很好地体现计划的要求，与企业的总目标缺乏更直接的、更明确的联系，从而使得这些部门的主管人员只是考虑如何遵守预算和程序的要求，而不是从企业的总目标出发考虑如何做好自己的本职工作。为了防止在预算控制中出现目标置换的倾向，一方面应当使预算更好地体现计划的要求；另一方面应当适当掌握预算控制的度，使预算具有一定的灵活性。预算的详细程度和预算控制的严格度都有一个合理的限度，一旦超出了这个限度，预算控制就会背离其目的走向反面。

最后一种潜在危险是效能低下。预算有一种因循守旧的倾向，过去所花费的某些费用，可以成为今天预算同样一笔费用依据；如果某个部门曾支出过一笔费用购买物料，这笔费用就成了今后预算的基数。此外，主管人员常常知道在预算的层层审批中，原来申请的金额多半会被削减。因此，申报者往往将预算费用的申请金额有意扩大，远远大于实际需要，所以，必须有一些更有效的管理方法来扭转这种倾向，否则预算很可能会变成掩盖懒散、效率低下的主管人员的保护伞。比较可行的方法有编制可变预算或采取"零基预算法"。

6. 推行全面预算管理应注意的问题

（1）预算编制宜采用自上而下、自下而上、上下结合的动态性编制方法。

整个过程为：先由高层管理者提出企业总目标和部门分目标；各基层单位根据一级管理一级的原则据以制定本单位的预算方案，呈报分部门；分部门再根据各下属单位的预算方案，制定本部门的预算草案，呈报预算委员会；最后，预算委员会审查各分部预算草案，进行沟通和综合平衡，拟订整个组织的预算方案；预算方案再反馈回各部门征求意见。经过自下而上、自上而下的多次反复，形成最终预算，经企业最高决策层审批后，成为正式预算，逐级下达各部门执行。

（2）预算内容要以营业收入、成本费用、现金流量为重点。

营业收入预算是全面预算管理的中枢环节，它上承市场调查与预测，下启企业在整个预算期的经营活动计划。营业收入预算是否得当，关系到整个预算的合理性和可行性。成本费用预算是预算支出的重点，在收入一定的情况下，成本费用是决定企业经济效益高低的关键因素；制造成本和期间费用的控制也是企业管理的基本功，可以反映出企业管理的水平。现金流量预算则是企业在预算期内全部经营活动和谐运行的保证，否则整个预算管理将是无米之炊。在企业预算管理中，特别是对资本性支出项目的预算管理，要坚决贯彻"量入为出，量力而行"的原则。这里的"入"一方面要从过去自有资金的狭义范围拓宽到举债经营，同时又要考虑企业的偿债能力，杜绝没有资金来源或负债风险过大的资本预算。

（3）预算管理工作要建立单位、部门行政主要负责人责任制。

开展全面预算管理，是企业强化经营管理，增强竞争力，提高经济效益的一项长期任务。因此，要把全面预算管理作为加强内部基础管理的首要工作内容，成立预算管理组织机构，并确定预算管理的第一责任人为各单位、部门的行政主要负责人，切实加强领导，明确责任，落实措施。

（4）推行全面预算管理必须切实抓好"四个结合"。

第一，要与实行现金收支两条线管理相结合。预算控制以成本控制为基础，现金流量控制为核心。只有通过控制现金流量才能确保收入项目资金的及时回笼及各项费用的合理支出；只有严格实行现金收支两条线管理，充分发挥企业内部财务结算中心的功能，才能确保资金运用权力的高度集中，形成资金合力，降低财务风险，保证企业生产、建设、投资等资金的合理需求，提高资金使用效率。

第二，要同深化目标成本管理相结合。全面预算管理直接涉及企业的中心目标——利润，因此，必须进一步深化目标成本管理，从实际情况出发，找准影响企业经济效益的关键问题，瞄准国内外先进水平，制定降低成本、扭亏增效的规划、目标和措施，积极依靠全员降成本和科技降成本，加强成本、费用指标的控制，以确保企业利润目标的完成。

第三，要同落实管理制度、提高预算的控制和约束力相结合。预算管理的本质要求是一切经济活动都围绕企业目标的实现而开展，在预算执行过程中落实经营策略，强化企业管理。因此，必须围绕实现企业预算，落实管理制度，提高预算的控制力和约束力。预算一经确定，在企业内部即具有"法律效力"，企业各部门在生产营销及相关的各项活动中，要严格执行，切实围绕预算开展经济活动。企业的执行机构按照预算的具体要求，按"以月保季，以季保年"的原则，编制季、月滚动预算，并建立每周资金调度会、每月预算执行情况分析会等例会制度。按照预算方案跟踪实施预算控制管理，重点围绕资金管理和成本管理两大主题，严格执行预算政策，及时反映和监督预算执行情况，适时实施必要的制约手段，把企业管理的方法策略全部融会贯通于执行预算的过程中，最终形成全员和全方位的预算管理局面。

第四，要同企业经营者和职工的经济利益相结合。全面预算管理是一项全员参与、全面覆盖和全程跟踪、控制的系统工程，为了确保预算各项主要指标的全面完成，必须制定严格的预算考核办法，依据各责任部门对预算的执行结果，实施绩效考核。可实行月度预考核、季度兑现、年度清算的办法，并做到清算结果奖惩坚决到位。把预算执行情况与经营者、职工的经济利益挂钩，奖惩分明，从而使经营者、职工与企业形成责、权、利相统一的责任共同体，最大限度地调动经营者、职工的积极性和创造性。

4.1.6 计划、预算、预测的联系与区别

1. 联系

计划一般针对事项与活动而言，多用描述性语言，说明是否做、何时做；预算则是计划的量化与细化，是数字化了的计划。在企业中，一般先有经营计划，后有财务预算；预测是经济活动进行一段时间后，对结果的预估。其顺序为先有计划，后有预算，也就是事先拟定好经营计划，然后编制财务预算，预算是对计划的量化和金额化。

2. 区别

（1）计划与预算的区别。公司运营先有战略，再有目标，然后才会有服务于目标的计划。计划一般是针对经济事项与活动而言的，多用描述性语言，说明是否做、何时做，一般没有金额的表述，如"明年计划开拓华东市场"。预算则是计划的量化与细化，是数字化了的计划，说直白点就是要把计划货币化，如"拟投入人力成本300万元、宣传费用1000万元开拓华东市场"。企业编制年度财务预算时，先要有经营计划，后有财务预算。即公司只有先确定了要做什么，才能匡算做这些事情要花多少钱。

（2）预算与预测的区别。预算与预测的区别在于，做出的时间点是不一样的。预算往往在一项经济业务开展之前就要做出，它是零起点、全覆盖。预测不同，它一般在经济事项已开展一段时间后再做出，是半路出家、后端覆盖。这么说来，预测也可看作是半截子的预算。最有说服力的是滚动预测，它是在有一段历史数据的基础上对未来做推演。滚动预测也叫滚动预算，这两个互通的名字也说明了预测与预算确有共同之处。

（3）预算与预测，考核以何为准。在制定年度预算后，年中根据实际情况又做了预测。预测结果与预算结果有较大差别，请问，对预算单位负责人的绩效考核该以预算结果为依据，还是该以预测结果为依据呢？人们常说，计划赶不上变化，因此调整预算会是预算管理的常态。如果市场没有出现重大变化，组织机构未进行重大调整，绩效考核的依据应该是原预算目标。预测做什么用呢？主要用于过程控制，后续预算执行应以预测结果为主。一言以蔽之，考核用预算，执行用预测。

（4）总结。计划相对于预算、预测而言，是粗线条的，不量化、不涉及金额。计划是龙头，先有计划，之后才有预算和预测。

4.2 经营预算及其业务设计

经营预算是反映预算期内可能形成现金收付的生产经营活动的预算,包括销售预算、生产预算、制造费用预算、生产成本(开发成本)预算、期间费用预算(销售费用预算、管理费用预算、财务费用预算)、其他业务预算等。

4.2.1 销售预测(预算)

1. 销售预算的含义

销售预算是一个财务计划,它包括完成计划的每一个目标所需要的费用,以保证公司销售利润的实现。销售预算是企业生产经营全面预算的编制起点,生产、材料采购、存货费用等方面的预算,都要以销售预算为基础,同时,也是企业购买、生产等日常经营活动的决策依据,因此,做好销售预算是企业成功运营的重要前提。

销售预算是公司销售各种产品或者提供各种劳务可能实现的销售量或者业务量及其收入的预算,依据年度目标利润、预测的市场销量或劳务需求、提供的产品结构以及市场价格编制。

2. 销售市场预测管理

销售管理的工作是市场营销战略计划中的一个组成部分,其目的是执行企业的市场营销战略计划,其工作的重点是制定和执行企业的销售策略,对销售活动进行管理。关于销售管理的含义,中外专家和学者的理解有所不同。西方国家学者一般认为,销售管理就是对销售人员的管理(sales force management)。营销学权威菲利普·科特勒认为,销售管理就是对销售队伍的目标、战略、结构、规模和报酬等进行设计和控制。美国学者约瑟夫·P.瓦卡罗(Joseph P.Vaccaro)认为,销售管理就是解决销售过程中出现的问题,销售经理应该是一个知识渊博、信仰丰富的管理者。拉尔夫·W.杰克逊和罗伯特·D.西里奇在《销售管理》中认为,销售管理是对人员推销活动的计划、指挥和监督。我国学者李先国等人认为,所谓销售管理,就是管理直接实现销售收入的过程。由此可见,销售管理有狭义和广义之分。狭义的销售管理专指以销售人员(sales force)为中心的管理。广义的销售管理是对所有销售活动的综合管理。

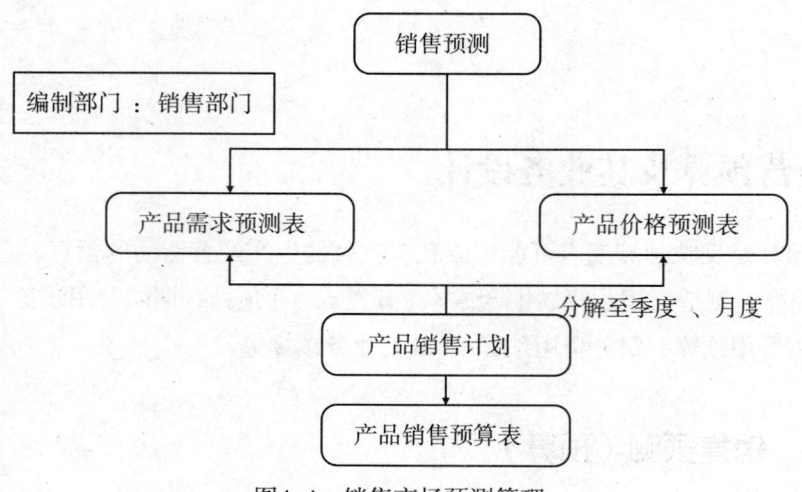

图4-4　销售市场预测管理

3. 销售策略

销售策略是指实施销售计划的各种因素，包括：产品、价格、广告、渠道、促销及立地条件，是一种为了达成销售目的而采取的各种手段的最适组合而非最佳组合。销售策略即公司产品/服务投放市场的理念。

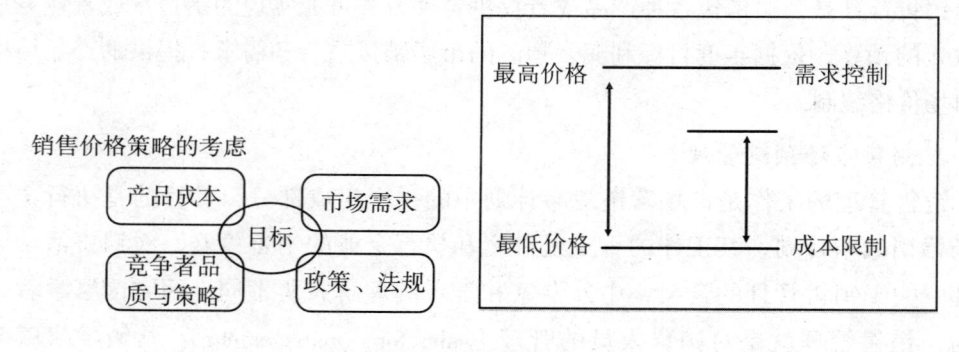

图4-5　销售策略

4. 销售预测的流程

销售预测是指根据以往的销售情况以及使用系统内部内置或用户自定义的销售预测模型获得的对未来销售情况的预测。销售预测可以直接生成同类型的销售计划。销售计划的中心任务之一就是销售预测，无论企业的规模大小、销售人员的多少，销售预测影响到包括计划、预算和销售额确定在内的销售管理的各方面工作。

销售预测可以看作是一个系统，是由有关信息资料的输入、处理和预测结果的输出所组成的信息资料转换过程。对于复杂的预测对象，有时要把它进行分解，对分解后的子系统进行预测，在此基础上再对总的预测目标进行预测。销售预测是以产品的销售为中心的，产品的销售本身就是一个复杂的系统，有关的系统变量很多，如，市场需求潜量、市场占有率、产品的售价等。而对于这些变量进行长期预测还是短期预测，这些变量对预测资料的要求，预测方法的选择都有所不同。所以，预测目标的确定是销售预测的主要问题。

5. 现代家私五月销售及存量预测

重点掌握现代家私本期销售及存量预测。老客户稳定，销售形势处于平稳阶段。茶几、椅子开始出现较大库存量。本企业总体产品进入成熟的中后期。

根据期初资料可以知道，期初库存红木椅 200 把，茶几 100 个。本月经过市场调查分析，按照市场需求和企业生产能力，计划投产红木椅 500 把，茶几 250 个，并按此数量完工入库。根据销售订单和零售常规情况，本期产品的红木椅销量为 400 把，茶几为 200 个。

表4-1　库存商品收发存量预算表

产品名称	期初库存	本期入库	合计	本期销售	期末库存
红木椅（普）					
茶几（普）					
合计					

制表人：

企业对于销售网点的代销商一律采用赊销方式。现金折扣方式为"2/10，n/45"。

销售预测依据购销合同以及销售惯例进行，账务处理可以按照还款方式合并归类进行。

表4-2　销售收入预算表

　　　　年　　月　　日　　　　　　　　　　　　　　　　单位：元

日期	购货单位	商品名称	销售量	单价	销售金额	付款方式
		红木椅				
合计						

表4-3 销售收入预算表

年　　月　　日　　　　　　　　　　　　　　　　　　　　　　　　　单位：元

日期	购货单位	商品名称	销售量	单价	销售金额	付款方式
		红木茶几				
合计						

4.2.2 产品生产预算

1. 生产预算及成本预算的含义

（1）生产预算

生产预算是公司在预算期内所要达到的生产规模及其产品结构的预算，是在销售预算的基础上，依据各种产品的生产能力、各项材料及人工的消耗定额及其物价水平和期末存货状况编制；包括直接人工预算和直接材料预算。

表4-4 生产预算流程表

流程	责任部门	主要工作
编制产品销售目标	销售部门	①按销售产品分类 ②产品销售数量 ③年度销售额
分解产品生产工艺过程	销售部门 生产部门	按单位产品的生产工艺过程进行分解
编制产品生产原材料需求表	销售部门 生产部门	根据前两步编制原材料需求表

预计产量 = 预计产品销售量 + 期末库存产成品数量（预估）- 期初库存产成品数量（预估）

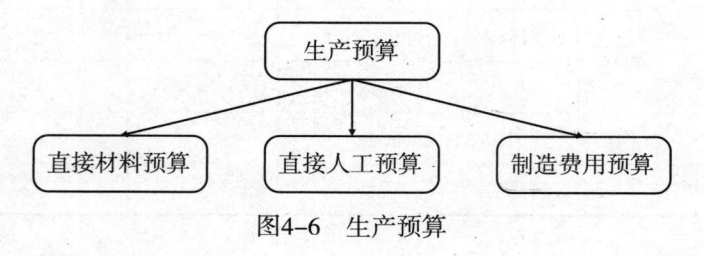

图4-6 生产预算

直接材料预算编制依据（数据来源）如下：

①生产预算的预计生产量（当期的生产量）

②单位产品的直接材料消耗定额

③计划期间的期初、期末材料结存数量

④直接材料的单价

⑤采购材料的付款条件（编制现金预算的依据）

表4-5　直接材料消耗定额表

原料	物料编号	数量	标准单价	金额
人工	作业编号	标准工时	标准工资/小时	金额
制造费用	标准工时（变动或固定的）	标准分摊率/小时（或者其他标准，如机器工时）	金额	
每单位制造成本				

直接材料预计采购数量 = 预计产品生产量 × 单位产品材料消耗定额 + 预计期末直接材料结存数量 − 预计期初直接材料结存数量（倒挤）

某预算期采购现金支出 = 该期采购材料现金支出 + 该期支付前期的应付账款

正确地编制成本预算，可为企业预算期成本管理工作指明奋斗目标，并为进行成本管理提供直接依据；而且，成本预算还能动员和组织全体职工精打细算、挖掘潜力，控制成本耗费，促使企业有效地利用人力、物力、财力来努力改善经营管理，以尽可能少的劳动耗费获得较好的经济效益。同时，成本预算还可作为物业管理企业经营业绩的考评标准。

（2）成本预算

成本预算是根据过去有关数据资料，针对公司第二年产品销售目标，采用一定的方法，对公司各项产品成本、各项费用及财务活动的发展变动趋势及其结果进行科学推断和测算。

成本预算意义：为财务决策提供客观依据；为编制财务计划提供数据资料；为合理利用各项经济资料提供保障。

2. 生产成本预算编制要点

①生产安排的规划（交货期限、常规备货）：如季节性波动，若订单出现中断，财务部门和生产部门紧密结合，制定精细、准确的生产安排，能对企业的生产起到标杆的作用。

②材料及人工的取得需考虑外部因素，如：工艺制作的难易程度、工人的熟练程度、市场劳动力的供求情况；材料采购也要考虑外部情况，如进口材料需考虑汇率波动的影响。

③生产设备的产能规划是提供一种方法来确定由资本密集型资源——设备、工具、设施和总体劳动力规模等——综合形成的总体生产能力的大小，从而为实现企业的长期竞争战略政策提供有力的支持。产能规划具有时间性和层次性。产能规划所确定的生产能力对企业的市场反应速度、成本结构、库存策略以及企业自身管理和员工制度都会产生重大影响。

3. 生产预算流程

生产预算是根据销售预算编制的，计划为满足预算期的销售量以及期末存货所需的资源。计划期间除必须有足够的产品以供销售之外，还必须考虑到计划期期初和期末存货的预计水平，以避免存货太多形成积压，或存货太少影响下期销售。

```
    销售预算                预算期期末存货
        ↓                       ↙
    产品需要量预算          预算期期初存货
                ↓            ↙
              生产成本预算

    预计产量=预计产品销售量+期末库存产品数量-
            期初库存产品数量
```

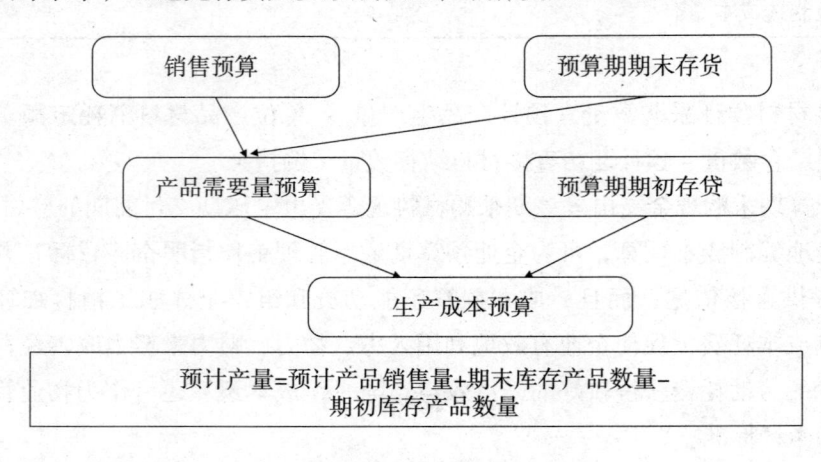

图4-7　生产预算流程图

4. 本期生产成本预算

生产成本亦称制造成本，是指生产活动的成本，即企业为生产产品而发生的成本。生产成本是生产过程中各种资源利用情况的货币表示，是衡量企业技术和管理水平的重要指标。生产成本是生产单位为生产产品或提供劳务而发生的各项生产费用，包括各项直接支出和制造费用。直接支出包括直接材料（原材料、辅助材料、备品备件、燃料及动力等）、直接工资（生产人员的工资、补贴）、其他直接支出（如福利费）；制造费用是指企业内的分厂、车间为组织和管理生产所发生的各项费用，包括分厂、车间管理人员工资、折旧费、维修费、修理费及其他制造费用（办公费、差旅费、劳保费等）。生产成本预算是企业成本预算的重要部分，也是企业预算中不可或缺的部分。

（1）产品生产预算表

本期计划生产红木椅500把，茶几250个，并按此数量完工入库。期初在产红木椅100把，完工率80%。茶几无正在生产的产品。期末仍保留红木椅在产100把，完工率80%。

表4-6 产品生产预算表

编制单位：　　　　　　　年　月　日

产品名称	计量单位	期初在产	投产	完工产品	期末在产品
红木椅	把	100	500	500	100
茶几	个	0	250	250	0

制表人：

（2）本期所需材料预测

表4-7 单位产品材料消耗定额

项目	红木材（立方米）	华润烤漆（公升）	黏胶（公升）	稀释剂（公升）	工时定额
红木椅	0.3	2	0.6	0.15	15
红木茶几	0.25	1.5	0.5	0.10	10
市场价格（元）	2000	120	200	40	10

注：每小时人工费10元。另：企业负担五险一金率43%，个人20.5%　　　　制表人：

表4-8 本期所需材料预测

　　　　年　月　日

项目	红木材（立方米）	华润烤漆（公升）	黏胶（公升）	稀释剂（公升）	备注
红木椅单耗	0.3	2	0.6	0.15	
产量					
耗材量					
红木茶几单耗	0.25	1.5	0.5	0.10	
产量					
耗材量					
耗材量合计					
市场价格（元）		120	200	40	

制表人：

（3）材料成本计算单

表4-9　发出材料成本计算单

年　　月　　日

序号	材料名称	产品1		产品2		合　计		
		数量	金额	数量	金额	单价	数量	金额

制表人：

（4）制造费用预算

制造费用预算是公司在预算期内为完成生产预算所需各种间接费用的预算，主要在生产预算基础上，按照费用项目及其上年预算执行情况，根据预算期降低成本、费用的要求编制。

表4-10　制造费用预算

年　　月　　日　　　　　　　　　　　　　　　　　　　　　单位：元

	工资	五险一金	办公费	折旧费	水电费	低值易耗	劳务费	机物料消耗	专利费	其他	合计
基本生产车间											
合计											

制表人：

表4-11 单位产品制造费用预算表

单位：元

项目	单位产品定额工时	产量	产品工时总额	工资及福利费	折旧费	维修费	办公费	水电费	保险费	包装费	租赁费	其他	合计
产品1													
产品2													
产品3													
合计													

制表人：　　　　　　　审核人：　　　　　　　审批人：

填表说明：

①随产量或工时变动的制造费用，可以根据以往年度单位产品或单位工时的耗用费用情况，来核定单位产品的费用定额。

②固定的制造费用应先预算固定制造费用的总额，再根据产品的工时总额来分配单位产品的制造费用定额。

（5）本期人工费预测

企业负担五险一金率占职工工资的43%，个人负担工资的20.5%。

（6）产品生产成本预算单

产品成本预算是公司在预算期内生产产品所需的生产成本、单位成本和销售成本的预算，主要依据生产预算、直接材料预算、直接人工预算、制造费用预算等汇总编制。

表4-12 企业职工人工费计算表

20×年5月

车间、部门		应发工资	代扣款项							实发工资	企业上缴五险一金43%	应付职工薪酬费用
			养老保险8%	医疗保险2%	失业保险0.5%			小计	个人所得税			
生产车间	生产工人	100,000	8,000	2,000	500		住房公积金10%	20,500	0	79,500	43,000	143,000
	管理人员	10,000	800	200	50		10,000	2,050	100	7,950	4,300	14,300
							1,000					
企业管理部门		46,000	3,680	920	230		4,600	9,430	500	36,570	19,780	65,780
合计		156,000	12,480	3,120	780		15,600	31,980	600	124,020	67,080	223,080
企业承担上缴五险一金		工资总额为基数	养老保险20%	医疗保险10%	失业保险1.5%	工伤保险0.7%	生育保险0.8%	住房公积金10%				
		67,080	31,200	15,600	2,340	1,092	1,248	15,600	67,080			
企业工资总额的43%		99,060	43,680	18,720	3,120	1,092	1,248	31,200	99,060		67,080	223,080
应上缴合计												

备注：①养老保险单位负担20%,个人负担8%;

②医疗保险单位负担10%,（9%医疗险，1%大病险），个人负担2%;

③失业保险单位负担1.5%,个人负担0.5%;

④生育保险单位负担0.8%、个人不负担;

⑤工伤保险单位承担 0.7%、个人不负担;

⑥住房公积金单位和个人各负担10%。

表4-13 单位产品人工成本定额预算表

单位：元

项目	上年实际				本年预算			
	每月标准产量（1）	人数（2）	工资标准（元/人）（3）	单位产品人工成本（4）=（3）×（2）÷（1）	每月标准产量（1）	人数（2）	工资标准（元/人）（3）	单位产品人工成本（4）=（3）×（2）÷（1）
产品1								
产品2								
产品3								
……								
合计								

制表人：　　　　　　审核人：　　　　　　审批人：

表4-14 单位产品标准成本表

单位：元

项目	上年实际			本年预算		
	单价	单耗	成本	单价	单耗	成本
直接材料						
材料1						
材料2						
材料3						
……						
直接材料合计						
直接人工						
制造费用						
工资及福利费						
折旧费						
维修费						
办公费						
水电费						

续表

项目	上年实际			本年预算		
	单价	单耗	成本	单价	单耗	成本
保险费						
包装费						
租赁费						
其他						
制造费用合计						
单位产品标准成本						

制表人：　　　　　　审核人：　　　　　　审批人：

4.2.3 本期材料采购预算

1. 采购预算

采购预算是公司在预算期内为保证生产或者经营的需要而从外部购买各类商品、各项材料、低值易耗品等存货的预算，主要根据销售预算、生产预算、期初存货情况和期末存货经济存量编制。

2. 采购预算作用

（1）保障企业战略计划和作业计划的执行，确保企业组织目标一致。

（2）协调企业各部门之间的合作经营。

（3）在企业各部门之间合理安排有限的资源，保证资源分配的效率性。

（4）对企业物流成本进行控制、监督。

（5）采购预算可以倒推销售成本，根据采购预算可以确定销售量、生产数量，采购预算影响成本，最终进入报表，具有承上启下的作用。

3. 采购预算涉及的风险及要点问题

（1）部门预算编制不够细化，没有列示，就不能进行采购。

（2）采购项目预算不够明确，采购人在预算随意变更、调剂。

（3）采购项目预算制定中指定品牌现象普遍。

（4）采购项目预算金额偏离市场参考价。

（5）采购预算过于粗糙，技术指标含糊不全。（生产预算的料工费，技术本编制，

需要相关部门提供资料）

（6）采购预算的编制脱离资金的约束。（涉及筹资的问题，还有资本项目的支出）

4. 根据采购预算涉及的风险提出的相关建议

（1）细化预算编制，强化预算约束。

（2）采购预算要具有严肃性，应加强预算源头监管功能。

（3）摸清家底，建立完善的产品动态信息库。

（4）做好市场调研，科学合理地编制采购预算。

（5）加强预算编制和执行的质量效果。

（6）确立以收定支，以支定购原则，防止脱离资金的约束。

5. 采购计划风险（内因和外因）

（1）因市场需求发生变动，影响到采购计划的准确性。（外部因素。企业应该加强对关键因素的控制，比如因为采购计划的不准确导致库存过多，那么这对企业而言可能是对企业资源的浪费。）

（2）采购计划管理技术不适当或不科学与目标发生较大偏离，导致采购计划风险。（内部因素）

①企业应该加强对物料需求计划、物资采购审计；

②企业应该加强外部关键因素的监督控制；

③企业应该加强对验收库存风险的测算（对产品数量、质量、品种等的控制）；

④企业应该加强对存量风险的测算（加强成本控制，此外，企业应实行职责分离，采购和仓管应该分离为两个部门）；

⑤企业应该加强存货成本控制即采购、生产和保管各环节的控制；

⑥企业应该实行采购管理报告制度：制订最佳经济批量模型 EUQ，推行适时制、零存货管理；

⑦企业应该实行存货储存管理报告制度，注意审计风险和纳税风险。

6. 本期材料采购预算所涉及的预算内容

（1）本期材料采购总量预算

表4-15　本期材料采购预算

年　　月　　日

材料名称	计量单位	本期需用	期初库存	本期采购			期末库存
				数量	单价	金额	

续表

材料名称	计量单位	本期需用	期初库存	本期采购			期末库存
				数量	单价	金额	

制表人：

（2）采购地点与方式计划

表4-16　本期采购地点与方式计划

采购时间	材料名称	地点或单位	采购量	单价	价税合计	付款方式	所需资金

制表人：

表4-17　以前欠材料款还款计划

年　　月　　日　　　　　　　　　　　　　　　　　　　　　　　　　单位：元

时间	归还单位	所欠金额	归还金额	尚欠金额	所需资金	备注

制表人：

4.2.4　期间费用预算

1. 期间费用预算的含义

期间费用预算是公司在预算期内组织经营活动必要的管理费用、财务费用、销售费用等预算，在区分变动费用与固定费用、可控费用与不可控费用的基础上，根据上年实际费用水平和预算期内的变化因素，结合费用开支标准和降低成本、费用的要求，分项目、分责任单位进行编制。其中：研究开发费用、业务招待费、会议费、广告宣传费等重要项目，应当重点列示。

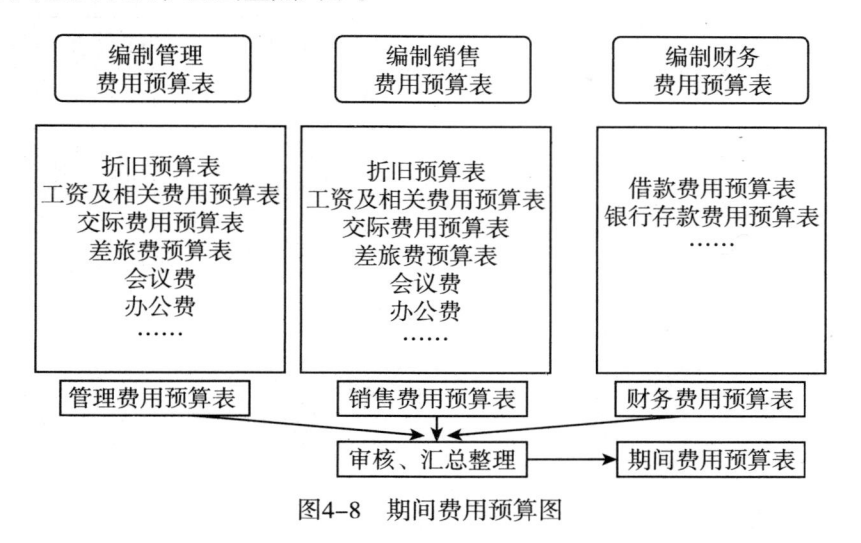

```
编制管理              编制销售              编制财务
费用预算表            费用预算表            费用预算表

折旧预算表            折旧预算表           借款费用预算表
工资及相关费用预算表  工资及相关费用预算表 银行存款费用预算表
交际费用预算表        交际费用预算表        ……
差旅费预算表          差旅费预算表
会议费                会议费
办公费                办公费
……                    ……

管理费用预算表        销售费用预算表        财务费用预算表
                    ↓
              审核、汇总整理 → 期间费用预算表
```

图4-8 期间费用预算图

2. 期间费用预算管理的意义

科学合理的企业期间费用预算管理能够有效地降低企业期间费用支出，达到增加盈利的目的。

（1）通过实施严格的预算、审批制度并结合对各项期间费用进行差异性分析能够有效地掌握企业期间费用预算的最终编制，从而保证目标费用的实现。

（2）在企业期间费用预算管理工作的开展过程中，能够促进企业上下各部门形成一个有机的费用控制系统。

（3）企业期间费用预算管理工作是明确有关部门和员工的费用控制责任，能够正确评价部门和相关人员工作业绩、落实奖罚措施从而推动企业制度的不断完善。

费用预算的目的是为了控制费用，降低成本，增强企业竞争力，给企业带来更多的利润。

3. 期间费用预算主要预算表

表4-18 管理费用预算表

年　　月　　日　　　　　　　　　　　　　　　　　　　单位：元

费用项目	预算依据	上旬	中旬	下旬	全月合计
1. 工资及福利支出					
2. 办公用品费					
3. 邮递费					

续表

费用项目	预算依据	上旬	中旬	下旬	全月合计
4. 电话费					
5. 低值易耗品					
6. 差旅交通费					
7. 公司车辆费用					
8. 租赁费					
9. 交际应酬费					
10. 教育培训费					
11. 员工保险支出					
12. 水电费					
13. 财务费用					
14. 装卸搬运费					
15. 修理费					
16. 劳动保护费					
17. 机物料消耗					
18. 其他管理费用					
19. 固定资产折旧					
管理费用合计					
本期付现费用					

审核人： 制表人：

表4-19　财务费用预算表

年　　月　　日　　　　　　　　　　　　　　　　　　　　　　单位：元

项目	第一季度				预算责任人
	1月	2月	3月	合计	
一、财务费用					
银行贷款利息					
票据承兑利息					
汇兑损益					
调剂外汇手续费					
金融机构手续费					
……					
合计					

审核人：　　　　　　　　　　　　制表人：

表4-20　销售费用现金预算表

年　　月　　日　　　　　　　　　　　　　　　　　　　　　　单位：元

序号	项目	全年预计现金流出量				预算责任人
		1季度	1月	2月	3月	
1	销售费用					
2	营销费用					
3	广告费					
4	报纸广告					
5	电视广告					
6	户外广告					
7	网络广告					
8	短信广告					
9	其他广告					
10	活动推广费					
11	开业活动费					
12	促销活动费					

续表

序号	项目	全年预计现金流出量				预算责任人
		1季度	1月	2月	3月	
13	展销会费					
14	其他活动推广费					
15	销售管理费					
16	营销人员薪酬					
17	卖场物管费					
18	差旅费					
19	销售办公费					
20	销售电话费					
21	销售水电费					
22	销售业务费					
23	其他销售管理费					
24	配套设施费					
25	车辆费					
26	其他配套设施费					
27	咨询代理费					
28	策划咨询费					
29	代理佣金					
30	其他咨询代理费					
31	签约律师代理费					
32	其他营销费					
33	售后服务费用					
34	售后维修费					
35	其他销售费用					
36	固定资产折旧					
37	其他销售费用					

审核人：　　　　　　　　　　　　　　　　　　　　制表人：

4.2.5 其他经营预算

其他经营预算包括其他业务的收支、缴纳税金、政策性补贴、对外捐赠支出及其他营业外支出等，根据实际情况和国家有关政策规定编制。

4.3 财务预算及其业务设计

4.3.1 财务预算的作用及其编制方法

1. 财务预算的作用

（1）财务预算使决策目标具体化、系统化和定量化；协调综合各个部门和各个层次的关系，使各个部门统一服从一个总体目标要求；落实到每一个单位、人，明确职责。

（2）财务预算有利于财务目标的顺利实现；建立财务指标作为标杆，根据既定目标与企业实际发生进行对比，并进行调整。

（3）财务预算使企业把眼前利益与长远发展有机结合起来，促进企业的可持续发展。

（4）财务预算使企业不仅注重静态管理，而且更加重视动态管理。根据预算的每个时间节点，企业可以将预算和实际结果相比较，找出差别并分析产生差别的原因，修正原来的预测或目标，然后将预算方案进行动态调整，使企业适应外部环境的变化。

（5）财务预算可以使企业在重视资金运用管理的同时，进一步提高对资金成本的管理（财务预算就是对资金的合理分配，企业应该运用这个工具，保证企业实现长短期经营计划的目标，将资源分配到企业更需要的地方，提高资金的使用效率，减少浪费，节约资金成本）。

2. 财务预算编制的主要方法

（1）固定预算与弹性预算

①固定预算。固定预算又称静态预算，是把企业预算期的业务量固定在某一预计水平上，以此为基础来确定其他项目预计数的预算方法（企业的预算稳定，静态）。

②弹性预算。弹性预算是按照成本（费用）习性分类的基础上，根据量、本、利之间的依存关系，考虑到计划期间业务量可能发生的变动，编制出一套适应多种业务量的费用预算，以便分别反映在各种业务量的情况下所应支付的费用水平。

在编制预算时，变动成本随业务量的变动而发生增减变化，固定成本则在相关的业务量范围内稳定不变。分别按一系列可能达到的预计业务量水平编制的能适应企业在预算期内任何生产经营水平的预算。由于这种预算是随着业务量的变动而进行调整，适用面广，具有弹性，故称为弹性预算或变动预算。

弹性预算法的基本流程如下：

a. 将所有预算项目划分为变动项目与固定项目

b. 确定弹性范围和业务量可能值

c. 编制预算：

表4-21 财务预算的编制方法

方法	优缺点	适用性
固定预算	优点：简便易行、较为直观。 缺点：机械呆板，可比性差；不利于正确地控制、考核和评价采购预算的执行情况	适用于业务量基本不发生变动或波动程度很小的预算项目。（如折旧费用的预算、办公费用的预算）
弹性预算	优点：预算的适用范围广泛，有利于客观地对预算执行情况进行控制、考核、评价，避免由于业务量发生变化而对预算的频繁修订。 缺点：操作复杂，工作量大。（即使借助计算机，工作量也很大）	适用于业务量水平可能会发生较大波动的企业或某些预算项目

（2）增量预算与零基预算

①增量预算。增量预算是指以基期成本费用水平为基础，结合预算业务量水平及有关降低成本的措施，通过调整原有费用项目而编制预算的方法。增量预算方法比较简单，但它是以过去的水平为基础，实际上就是承认过去是合理的，无需改进。因为不加分析地保留或接受原有的成本项目，可能使原来不合理的费用继续开支，而得不到控制，形成不必要开支合理化，造成预算上的浪费。

②零基预算或称零底预算。是指在编制预算时，对于所有的预算支出均以零点为基础，不考虑其以往情况如何，从实际需要与可能出发，研究分析各项预算费用开支是否必要合理，进行综合平衡，从而确定预算费用（零基预算具有弥补增量预算的缺点的作用）。

零基预算编制流程如下：

a. 企业内部各有关部门，根据企业的总体目标和本部门的具体任务，提出预算期内需要发生的各种业务活动及其费用开支的性质、目的和数额。

b. 根据生产经营的客观需要与一定期间资金供应的实际可能，在预算中对各个项目进行择优安排，分配资金，落实预算。

c.对各项预算方案进行成本－效益分析。即对每一项业务活动的所费所得进行对比，权衡得失，据以判断各项费用开支的合理性及优先顺序。案例如下：

表4-22

A公司用零基预算法对历年严重超支的间接费用项目编制预算。经过自下而上又自上而下多次反复讨论研究，预算人员确定上述费用在预算年度开支水平如下表所示：	
费用项目	预算金额（元）
业务招待费	175,000
劳动保护费	125,000
职工培训费	80,000
办公费	100,000
广告费	300,000
保险费	150,000
合计	930,000

经过充分论证，上述费用中，劳保费、办公费和保险费属于不可避免的重点项目，必须全额保证；业务招待费、职工培训费和广告费属于不可避免的非重点项目，需进行成本-效益分析后再酌情安排，情况如下表，目前只有800,000。有权重

费用项目	费用金额（元）	收益金额（元）
职工培训费	100	200
业务招待费	100	400
广告费	100	400

前三项是刚性的，不能变。按照权重标准（这个标准也要准确）

费用项目		初步预算数（元）（总预算数：930,000）	调整后的预算数（元）（总预算数800,000）
重点项目	劳动保护费	125,000.00	125,000.00
	办公费	100,000.00	100,000.00
	保险费	150,000.00	150,000.00
	小计	375,000.00	375,000.00
剩余可供安排的资金		555,000.00	425,000.00

113

续表

费用项目		初步预算数 （总预算数：930,000）	调整后的预算数 （总预算数800,000）
非重点项目	职工培训费	80,000.00	85,000.00
	业务招待费	175,000.00	170,000.00
	广告费	300,000.00	170,000.00
	小计	555,000.00	425,000.00
总计		930,000.00	800,000.00
说明		调整后的职工培训费=425,000×[200/(200+400+400)]=85,000（元） 调整后的业务招待费=425,000×[400/(200+400+400)]=170,000（元） 调整后的广告费=425,000×[200/(200+400+400)]=170,000（元）	

方法	优缺点	适用性
增量预算	优点：方法简便、容易操作。 缺点：使预算中的某些不合理因素被长期沿袭	适用于预算期内变动幅度较小的预算项目 成本费用控制较好的企业
零基预算	优点：确保重点采购项目的实现，利于合理配置资源，切实提高企业资金的使用效益。 缺点：预算工作量大，需要投入大量的人力资源。（可能造成扯皮的现象）	适用于发生数变化较大的经常性预算项目，即变动项目 非经常性预算项目 重大或特殊的预算项目

（3）定期预算与滚动预算

①定期预算。定期预算是指在编制预算时，以不变的会计期间（如日历年度）作为预算期的一种编制预算的方法（不会跨年、月编制）。

②滚动预算。又称连续预算，是指在编制预算时，将预算期与会计期间脱离开（不考虑公历年度），随着预算的执行不断地补充预算，逐期向后滚动，使预算期始终保持为12个月的一种预算方法。其特点在于将预算期不与会计年度挂钩，始终保持12个月，每过去1个月，就根据新的情况调整和修订后几个月的预算，并在原预算基础上增补下1个月预算，从而逐期向后滚动，连续不断地以预算形式规划未来经营活动。

滚动运算直观的解释如下：

表4-23

2××1年度预算												
1月	2月	3月	4月	5月	6月	7月	8月	9月	10月	11月	12月

2××1年度预算											2××2年
2月	3月	4月	5月	6月	7月	8月	9月	10月	11月	12月	1月

2××1年度预算										2××2年	
3月	4月	5月	6月	7月	8月	9月	10月	11月	12月	1月	2月

方法	优缺点	适用性
定期预算	优点：预算期间与会计年度相配合，便于考核和评价预算的执行结果。 缺点：周期长，具有一定的盲目和滞后性	适用于服务性质的、经常性发生的项目的预算，内、外部环境较稳定的情况（费用稳定、滞后性）
滚动预算	优点：有利于保证采购支出的连续性和完整性，利于根据前期预算的执行情况及时调整和修订近期预算，能够充分发挥预算的指导和控制作用。 缺点：操作复杂，工作量大。（每个月或每个季度都要编制，工作量相当大） 利润表、资产负债表，销售预算、采购预算…都要做，工作量大	适用于规模较大、时间较长的工程类或大型设备采购项目的预算，内、外部环境多变的情况 对公司严格执行预算管理、预算准确性要求高的预算 （跨国公司、子公司）不同的类型

4.3.2 库存现金收支预算

企业库存现金收支预算包括：现金收入和现金支出的预算。在企业中，为了保证现金收支预算管理的水平，现金收支预算的编制、执行、分析、考核全过程的管理，各现金收支预算单位，应确定一名预算管理人员，报本企业财务部门或审查汇总单位备案。各单位应确保本单位预算管理人员的相对稳定，不得随意更换。

```
┌─ 1 ─┐      ┌─ 2 ─┐      ┌─ 3 ─┐      ┌─ 4 ─┐
```

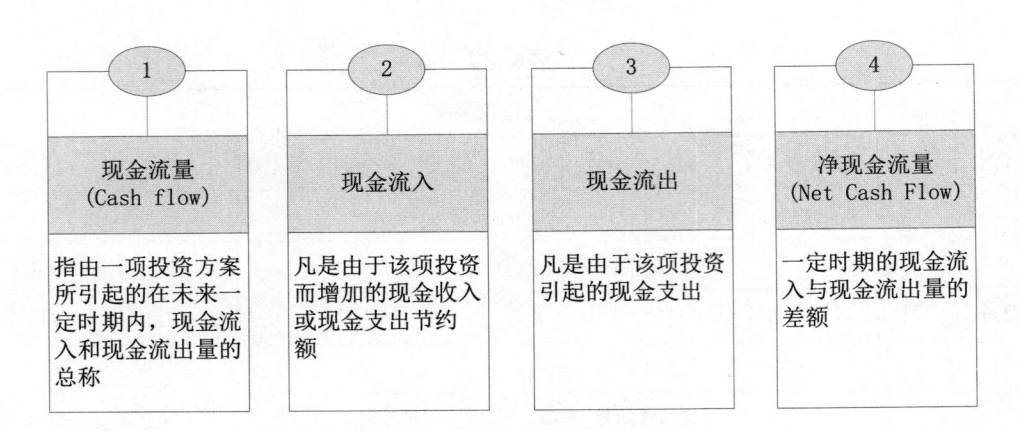

现金流量 (Cash flow)	现金流入	现金流出	净现金流量 (Net Cash Flow)
指由一项投资方案所引起的在未来一定时期内，现金流入和现金流出量的总称	凡是由于该项投资而增加的现金收入或现金支出节约额	凡是由于该项投资引起的现金支出	一定时期的现金流入与现金流出量的差额

表4-24　库存现金收支预算

年　　月　　日　　　　　　　　　　　　　　　　单位：元

项目	上旬	中旬	下旬	合计
期初库存现金				
本期收入				
合计				
本期支出现金				
合计				
期末库存现金				

制表人：

4.3.3　银行存款收支预算

表4-25　银行存款收支预算

年　　月　　日　　　　　　　　　　　　　　　　单位：元

项目	上旬	中旬	下旬	合计
期初银行存款				

续表

项目	上旬	中旬	下旬	合计
本期收入				
合计				
本期支出				
合计				
期末银行存款				

制表人：

4.3.4 其他相关财务预算

表4-26 税金预算表

单位：元

项目	第一季度				
	1月	2月	3月	合计
一、增值税				
二、所得税				
四、城建税				
五、教育费附加				
合计				
六、其他				
（1）房产税				
（2）车船使用税				
（3）土地使用税				

续表

项目	第一季度			
	1月	2月	3月	合计
（4）印花税				
（5）消费税				
（6）资源税				
（7）关税				
……				
合计				

表4-27　预计资金流量表

单位：元

项目	内容	1季度	1月	2月	3月
一、经营活动现金流量					
现金流入					
主营业务现金收入					
房屋开发收入	—				
其他业务现金收入	—				
收到的税费返还					
收到的其他与经营活动有关的现金	—				
经营活动产生现金流入小计					
现金流出					
1.主营业务成本现金支出					
其中：商品房开发成本支出	—				
2.其他业务支出现金支出					
（一）成本现金支出小计					
1.管理费用现金支出	—				
2.销售费用现金支出	—				
（二）期间费用支出小计					
（三）各项税费支出小计	—				

续表

项目	内容	1季度	1月	2月	3月
（四）支付的其他与经营活动有关的现金	—				
经营活动产生现金流出小计					
经营活动产生的现金流量净额					
二、投资活动现金流量					
现金流入					
收回投资本金所收到的现金	—				
取得投资收益所收到的现金	—				
处置非流动资产收到的现金净额	—				
处置子公司及其他营业单位收到的现金净额	—				
收到的其他与投资活动有关的现金	—				
（五）投资活动产生现金流入小计					
现金流出					
1.购置非流动资产支出现金	—				
2.长期股权投资	—				
3.股票投资					
3.债券投资					
4.支付的其他与投资活动有关的现金	—				
投资活动产生现金流出小计					
投资活动产生的现金流量净额					
三、筹资活动现金流量					
吸收投资所收到的现金	—				
借款收到的现金	—				
收到的其他与筹资活动有关的现金	—				
（六）筹资活动产生现金流入小计					
1.偿还债务所支付的现金	—				
3.财务费用现金支出					
2.分配股利或利润付现	—				
3.支付的其他与筹资活动有关的现金	—				

续表

项目	内容	1季度	1月	2月	3月
筹资活动产生现金流出小计					
筹资活动产生的现金流量净额					
现金流出合计					
现金流入合计					
四、现金净流量					
五、期初余额					
六、期末余额					

编制日期：

4.4 资本预算及其业务设计

资本预算又称建设性预算或投资预算，是指企业为了今后更好的发展，获取更大的报酬而做出的资本支出计划。它是综合反映建设资金来源与运用的预算，其支出主要用于经济建设，其收入主要是债务收入。

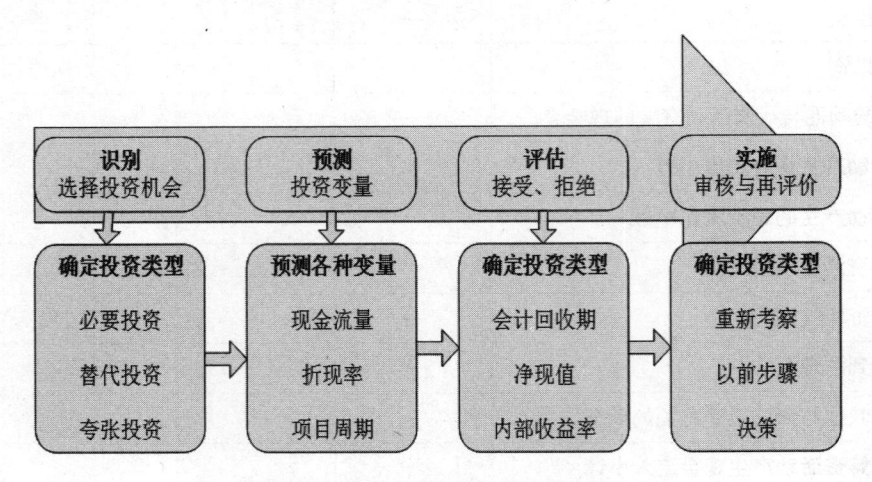

图4-10 资本预算及其业务设计图

4.4.1 筹资（融资）计划

筹资预算是公司在预算期内需要新借入的长短期借款以及对原有借款、债券还本付息的预算，依据公司有关资金需求决策资料、期初借款余额、年度资金需求、预计利率等编制。

表4-28 筹资计划表
年 月 日　　　　　　　　　　　　　　单位：元

日期	编号	筹资方式	筹资总额	本期筹资额	筹资费用	预计筹资收益

审核人：　　　　　　　　　　　　　　　　　　　　　　　　　制表人：

4.4.2　固定资产投资预算

固定资产投资预算是公司在预算期内购建、改建、扩建、更新各类固定资产进行资本投资的预算，根据公司有关投资决策资料和年度固定资产投资计划编制。处置固定资产所引起的现金流入，也列入资本预算。

表4-29 企业固定资产投资计划表
年 月 日　　　　　　　　　　　　　　单位：元

日期	编号	项目名称	投资方向	总投资	本期投资			起始时间	完成时间	投资回收期
					自有资金	贷款	其他	合计			
合计											

审核人：　　　　　　　　　　　　　　　　　　　　　　　　　制表人：

4.4.3 权益性投资预算与债权性投资预算

(1)权益性投资预算是在预算期内为获得其他企业单位的股权及收益分配权而进行资本投资的预算,根据有关投资决策资料和年度权益性资本投资计划编制。公司转让权益性资本投资或者收取被投资单位分配的利润(股利)所引起的现金流入,也列入资本预算。

(2)债权性投资预算是企业在预算期内为购买国债、企业债券、金融债券等所做的预算,应当根据企业有关投资决策资料和证券市场行情编制。企业转让债券收回本息所引起的现金流入,也应列入资本预算。

4.4.4 新产品研发费用计划

表4-30 新产品研发费用计划表

编制单位: 　　　　　　　　　　　年　月　日　　　　　　　　　　　单位:元

项目名称	初期研究费用				开发、试制成本			
	调研费	资料费	人工费	合计	原料	人工费	制造费用	合计

审核人:　　　　　　　　　　　　　　　　　　制表人:

4.5 业务设计凭证查询表

表4-31 业务设计凭证查询表

序号	编码	名称	序号	编码	名称
1			6		
2			7		
3			8		
4			9		
5			10		

续表

序号	编码	名称	序号	编码	名称
11			21		
12			22		
13			23		
14			24		
15			25		
16			26		
17			27		
18			28		
19			29		
20			30		

第五章

第一期会计业务设计及会计实务操作

5.1 第一期业务设计及账务处理汇总表

序号	日期	记账凭证号	内容摘要	账务处理		所附原始凭证	登记账簿种类	会计岗位及责任人
				借方	贷方			

续表

序号	日期	记账凭证号	内容摘要	账务处理		所附原始凭证	登记账簿种类	会计岗位及责任人
				借方	贷方			

续表

序号	日期	记账凭证号	内容摘要	账务处理		所附原始凭证	登记账簿种类	会计岗位及责任人
				借方	贷方			

续表

序号	日期	记账凭证号	内容摘要	账务处理		所附原始凭证	登记账簿种类	会计岗位及责任人
				借方	贷方			

5.2 月度会计科目汇总表

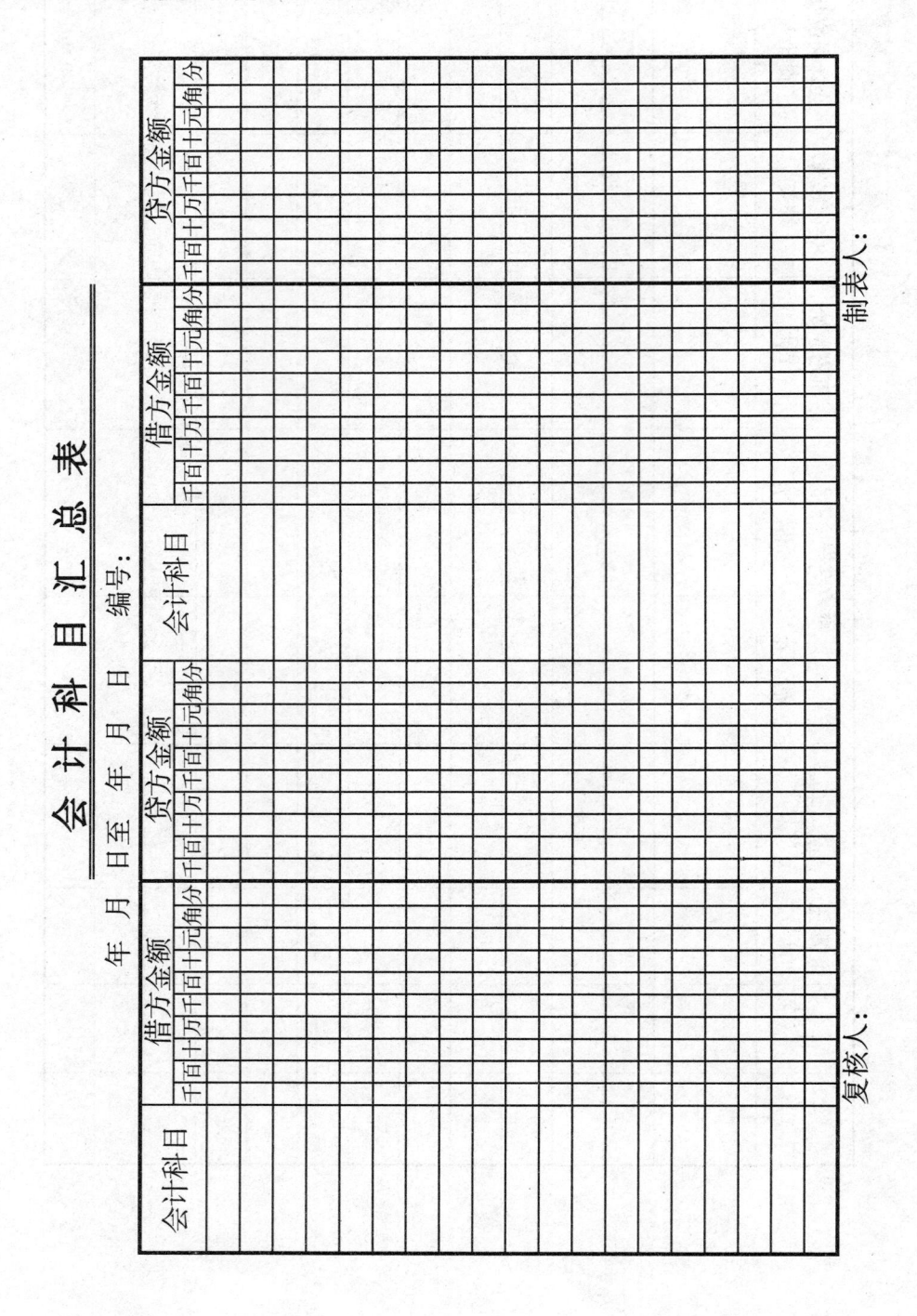

会计科目汇总表

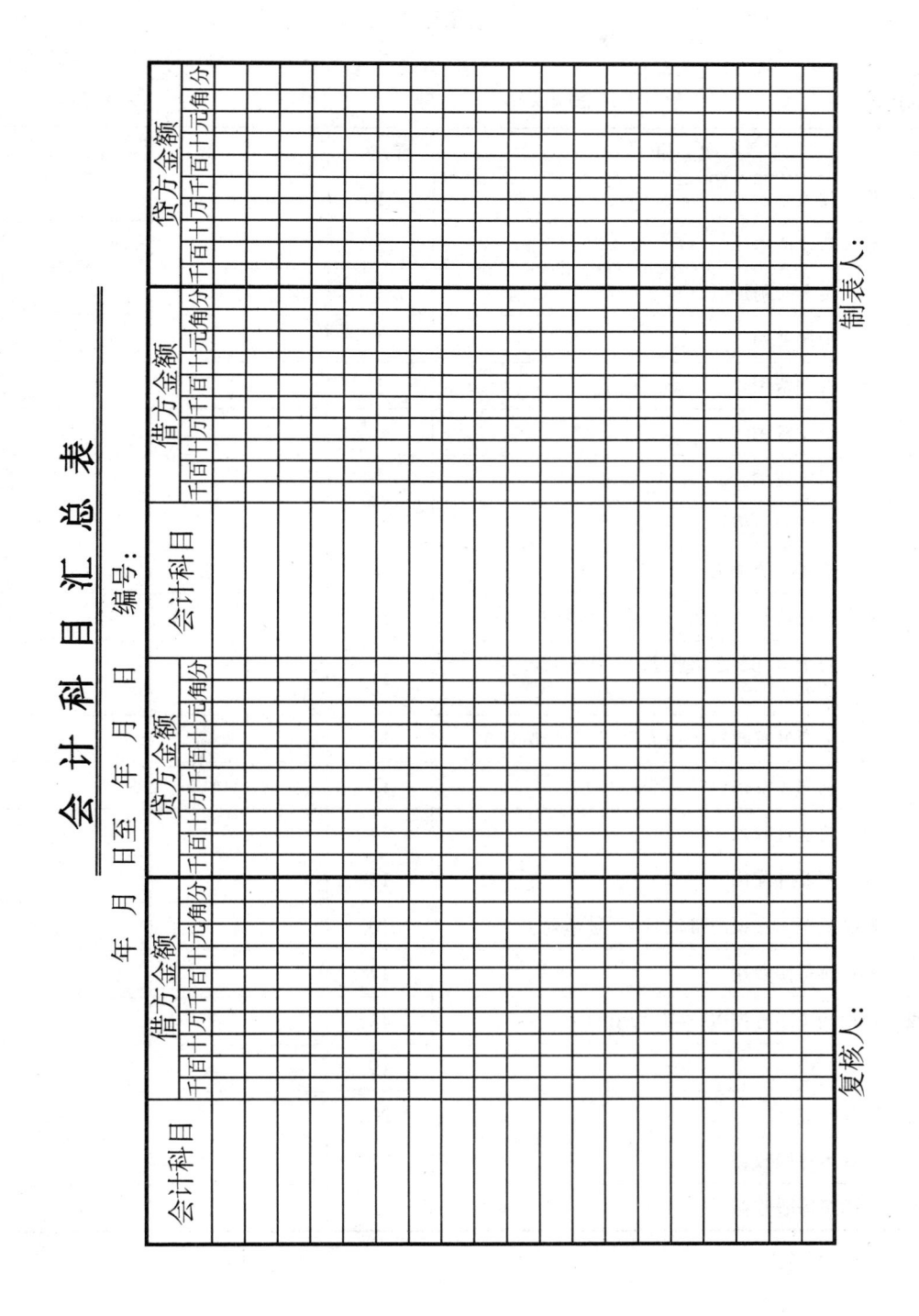

编号：

年 月 日至 年 月 日

会计科目	借方金额 千百十万千百十元角分	会计科目	贷方金额 千百十万千百十元角分

复核人：　　　　　　　　　　　　　　　制表人：

5.3 会计报表

利润表

会企02表

编制单位： 20××年 月份 单位：元

项 目	行次	本期金额	上期金额
一、营业收入	1		
减：营业成本	2		
税金及附加	3		
销售费用	4		
管理费用	5		
研发费用	6		
财务费用	7		
资产减值损失	8		
信用减值损失	9		
加：投资收益（损失以"-"号填列）	10		
公允价值变动收益（损失以"-"号填列）	11		
资产处置收益（损失以"-"号填列）	12		
二、营业利润（亏损以"-"号填列）	13		
加：营业外收入	14		
减：营业外支出	15		
三、利润总额（亏损总额以"-"号填列）	16		
减：所得税费用	17		
四、净利润（净亏损以"-"号填列）	18		
……	19		
七、每股收益	20		
（一）基本每股收益	21		
（二）稀释每股收益	22		

复核人： 制表人：

资产负债表

编制单位：　　　　　　　　20××年　　月　　　　　　　　单位：元

资产	行次	年初余额	期末余额	负债及所有者权益	行次	年初余额	期末余额
流动资产：				流动负债：			
货币资金	1	172,520.00		短期借款	26	760,000.00	
以公允价值计量且其变动计入当期损益的金融资产	2			应付票据及应付账款	28	1,259,510.00	
应收票据及应收账款	3	983,915.00		预收账款	29		
预付账款	4			应付职工薪酬	30	88,920.00	
其他应收款	5	1,900.00		应交税费	31	103,835.00	
存货	6	1,091,930.00		其他应付款	32		
……	…	……		一年内到期的非流动负债	34		
流动资产合计	10	2,250,265.00		流动负债合计	36	2,212,265.00	
非流动资产：				非流动负债：			
长期股权投资	14			非流动负债合计	44		
固定资产	16	4,183,200.00		负债合计	45		
在建工程	17			所有者权益：			
无形资产	18	88,000.00		实收资本	47	4,000,000.00	
……	…	……					
其他非流动资产	23			资本公积	40		
非流动资产合计	24	4,271,200.00		盈余公积	52	180,000.00	

续表

资产	行次	年初余额	期末余额	负债及所有者权益	行次	年初余额	期末余额
				未分配利润	53	129,200.00	
				所有者权益合计	56	4,309,200.00	
资产总计	25	6,521,465.00		负债和所有者权益总计	57	6,521,465.00	

单位负责人： 　　　财会负责人： 　　　复核： 　　　制表：

第六章

现代家私企业第二期资金业务预算设计

6.1 本期销售预算

表6-1 库存商品收发存量预算表

产品名称	期初库存	本期入库	合计	本期销售	期末库存
合计					

制表人：

表6-2 库存商品收发存量成本预算表

产品名称	期初库存	本期入库	合计	本期销售	期末库存
合计					

制表人：

表6-3 销售收入预算表

年　　月　　日　　　　　　　　　　　单位：元

日期	购货单位	商品名称	销售量	单价	销售金额	付款方式

表6-4 库存商品存量及成本预测平衡表

年   月   日   单位：元

商品名称	期初库存		本期入库		本期发出		期末库存	
	数量	金额	数量	金额	数量	金额	数量	金额
合计								

6.2 本期产品生产预算

1. 本期生产计划

表6-5 产品生产预算表

编制单位：   年   月   日

产品名称	计量单位	期初在产	投产	完工产品	期末在产品

制表人：

2. 本期所需材料预测

表6-6 单位产品材料消耗定额

项目	红木材（立方米）	华润烤漆（公升）	黏胶（公升）	稀释剂（公升）	缅甸玉（公斤）	工时定额
镶玉红木椅	0.3	2	0.6	0.15	0.2	18
镶玉红木茶几	0.25	1.5	0.5	0.10	0.16	12
市场价格（元）	2000	120	200	40	4000	10

注：每小时人工费10元。   制表人：

137

表6-7 本期所需材料预测

项目	红木材（立方米）	华润烤漆（公升）	黏胶（公升）	稀释剂（公升）	备注
红木椅单耗	0.3	2	0.6	0.15	
产量					
耗材量					
红木茶几单耗	0.25	1.5	0.5	0.10	
产量					
耗材量					
耗材量合计					
市场价格（元）		120	200	40	

制表人：

表6-8 新产品本期所需材料预测

年　月　日

项目	红木材（立方米）	华润烤漆（公升）	黏胶（公升）	稀释剂（公升）	玉石（公斤）
镶玉红木椅单耗	0.3	2	0.6	0.15	0.2
产量					
耗材量					
镶玉茶几单耗	0.25	1.5	0.5	0.10	0.16
产量					
耗材量					
耗材量合计					
市场价格（元）		120	200	40	

制表人：

表6-9 发出材料成本计算单

年　月　日

序号	材料名称	产品1		产品2		产品3		总计	
		数量	金额	数量	金额	数量	金额	数量	金额

制表人：

3．产品生产成本预算单

表6-10 产品生产成本预算单

计量单位：　　　　　　　　　　　　　　　　　产品名称：

年　月　日　　　　　　　　　　　　　　　　　　单位：元

项目	直接材料	直接人工	制造费用	合计
期初余额				
本期发生额				
合计				
本期完工成本				
期末在产品余额				
注：本期完工量				
约当产量	直接材料按全部发生领用			

制表人：

表6-11 产品生产成本预算单

计量单位： 产品名称：
　　　　　年　月　日　　　　　　　　　　　　　　　单位：元

项目	直接材料	直接人工	制造费用	合计
期初余额				
本期发生额				
合计				
本期完工成本				
期末在产品余额				
注：本期完工量				
约当产量				

制表人：

表6-12 产品生产成本预算单

计量单位： 产品名称：
　　　　　年　月　日　　　　　　　　　　　　　　　单位：元

项目	直接材料	直接人工	制造费用	合计
期初余额				
本期发生额				
合计				
本期完工成本				
期末在产品余额				
注：本期完工量				
约当产量	直接材料按全部发生领用			

制表人：

表6-13 产品生产成本预算单

计量单位： 产品名称：
　　　　　年　月　日　　　　　　　　　　　　　　　单位：元

项目	直接材料	直接人工	制造费用	合计
期初余额				
本期发生额				
合计				

续表

项目	直接材料	直接人工	制造费用	合计
本期完工成本				
期末在产品余额				
注：本期完工量				
约当产量				

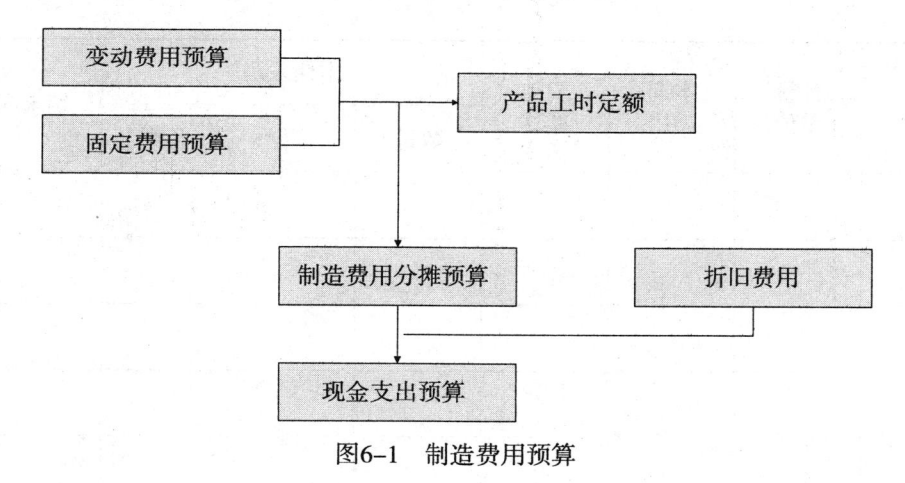

制表人：

4. 制造费用预算

制造费用预算是一种能反映直接人工预算和直接材料使用和采购预算以外的所有产品成本的预算计划。为编制预算，制造费用通常可按其成本性态可分为变动性制造费用、固定性制造费用和混合性制造费用三部分。固定性制造费用可在上年的基础上根据预期变动加以适当修正进行预计；变动性制造费用根据预计生产量乘以单位产品预定分配率进行预计；混合性制造费用则可利用公式 A+B 进行预计（其中 A 表示制造费用的固定部分，B 表示制造费用的随产量变动部分，可根据统计资料分析而得）。对于制造费用中的混合成本项目，应将其分解为变动制造费用和固定制造费用两部分，并分别列入制造费用预算的变动制造费用和固定制造费用。

图6-1 制造费用预算

表6-14　制造费用预算

年　　月　　日　　　　　　　　　　　　　　　　　　　　　　单位：元

	工资	五险一金	办公费	折旧费	水电费	低值易耗	劳务费	机物料消耗	专利费	其他	合计
基本生产车间											
合计											

制表人：

6.3　本期材料采购预算

1. 本期材料采购总量预算

表6-15　本期材料采购预算

年　　月　　日

材料名称	计量单位	本期需用	期初库存	本期采购			期末库存
				数量	单价	金额	

制表人：

2. 采购地点与方式计划

表6-16 本期材料采购地点与方式计划

年　月　日

采购时间	材料名称	地点或单位	采购量	单价	价税合计	付款方式	所需资金

制表人：

3. 以前欠材料款还款计划

表6-17 以前欠材料款还款计划

年　月　日　　　　　　　　　　　　　　单位：元

时间	归还单位	所欠金额	归还金额	尚欠金额	所需资金	备注

制表人：

6.4 本期人工费预算

表6-18 企业职工人工费计算表

20××年 月 日

车间、部门		应发工资	代扣款项						实发工资	企业上缴五险一金 43%	应付职工薪酬费用
			养老保险 8%	医疗保险 2%	失业保险 0.5%		住房公积金 10%	小计	个人所得税		
生产车间	生产工人	110,000	8,800	2,200	550		11,000	22,550	0	87,450	47,300	157,300
	管理人员	10,000	800	200	50		1,000	2,050	100	7,950	4,300	14,300
企业管理部门		54,000	4,320	1,080	270		5,400	11,070	500	42,930	23,220	77,220
合 计		174,000	13,920	3,480	870		17,400	35,670	600	138,330	74,820	248,820
企业承担上缴五险一金	工资总额为基数		养老保险 20%	医疗保险 10%	失业保险 1.5%	工伤保险 0.7%	生育保险 0.8%	住房公积金 10%				
	74,820		34,800	17,400	2,610	1,218	1,392	17,400	74,820			
企业工资总额的43%	110,490		48,720	20,880	3,480	1,218	1,392	34,800	110,490			
应上缴合计											74,820	248,820

1. 养老保险单位负担 20%，个人负担 8%；
2. 医疗保险单位负担 10%（9% 医疗险；1% 大病险），个人负担 2%；
3. 失业保险单位负担 1.5%，个人负担 0.5%；
4. 生育保险单位负担 0.8%，个人不负担；
5. 工伤保险单位承担 0.7%，个人不负担；
6. 住房公积金单位和个人各负担 10%。

企业负担五险一金率占职工工资的 43%，个人负担工资的 20.5%。

6.5 期间费用预算

表6-19 期间费用预算明细表

年　月　日　　　　　　　　　　　　　　单位：元

项目	行次	本期预算发生额	备注
1.管理费用			
工资	1		
失业保险1.5%	2		
住房公积金10%	3		
退休保险基金20%	4		
医疗保险基金10%	5		
工伤保险0.7%	6		
生育保险0.8%	7		
工会经费　2%	8		
职工教育经费2.5%	9		
折旧费	10		
技术开发费	11		
董事会费	12		
交际应酬费	13		
无形资产摊销（管理用）	14		
特许权使用费	15		
其他	16		

续表

项目	行次	本期预算发生额	备注
小 计	17		
2.销售费用	18		
运输费	19		
保险费	20		
广告费	21		
销售佣金或手续费	22		
其他	23		
小 计	24		
3.财务费用	25		
贷款利息	26		
金融机构手续费	27		
现金折扣	28		
其他	29		
小 计	30		
合 计	31		

制表人：

6.6 现金流量预算

1. 库存现金收支预算

表6-20 库存现金收支预算

年　月　日　　　　　　　　　　　　　　单位：元

项目	上旬	中旬	下旬	合计
期初库存现金				
本期收入				

续表

项目	上旬	中旬	下旬	合计
合计				
本期支出现金				
合计				
期末库存现金				

制表人：

2. 银行存款收支预算

表6-21　银行存款收支预算

年　　月　　日　　　　　　　　　　　　　　　单位：元

项目	上旬	中旬	下旬	合计
期初银行存款				
本期收入				
合计				
本期支出				

续表

项目	上旬	中旬	下旬	合计
合计				
期末银行存款				

制表人：

6.7 筹资、投资计划

1. 筹资计划

表6-22　筹资计划表

年　　月　　日　　　　　　　　　　　　　　　　　　单位：元

日期	编号	筹资方式	筹资总额	本期筹资额	筹资费用	预计筹资收益

审核人：　　　　　　　　　　　　　　　　　　　　　　　　制表人：

表6-23　银行存款收支预算

年　　月　　日　　　　　　　　　　　　　　　　　　单位：元

项目	上旬	中旬	下旬	合计
期初银行存款				
本期收入				

续表

项目	上旬	中旬	下旬	合计
合计				
本期支出				
合计				
期末银行存款				

制表人：

2. 投资计划

表6-24 企业固定资产投资计划表

年　　月　　日　　　　　　　　　　　　　　　　单位：元

日期	编号	项目名称	投资方向	总投资	本期投资				起始时间	完成时间	投资收益率(%)
					自有资金	贷款	其他	合计			
合计											

审核人：　　　　　　　　　　　　　　　　　　制表人：

项目内容简介：

6.8 新产品研发费用计划

表6-25 新产品研发费用计划表

编制单位： 　　　　　　　　　年　月　日　　　　　　　　　　单位：元

项目名称	初期研究费用				开发、试制成本			
	调研费	资料费	人工费	合计	原料	人工费	制造费用	合计

审核人：　　　　　　　　　　　　　　　　　　　　　　　　制表人：

第七章

第二期会计业务设计及会计实务操作

7.1　第二期业务设计及账务处理汇总表

序号	日期	记账凭证号	内容摘要	账务处理		所附原始凭证	登记账簿种类	会计岗位及责任人
				借方	贷方			

续表

序号	日期	记账凭证号	内容摘要	账务处理		所附原始凭证	登记账簿种类	会计岗位及责任人
				借方	贷方			

续表

序号	日期	记账凭证号	内容摘要	账务处理		所附原始凭证	登记账簿种类	会计岗位及责任人
				借方	贷方			

续表

序号	日期	记账凭证号	内容摘要	账务处理		所附原始凭证	登记账簿种类	会计岗位及责任人
				借方	贷方			

7.2 月度会计科目汇总表

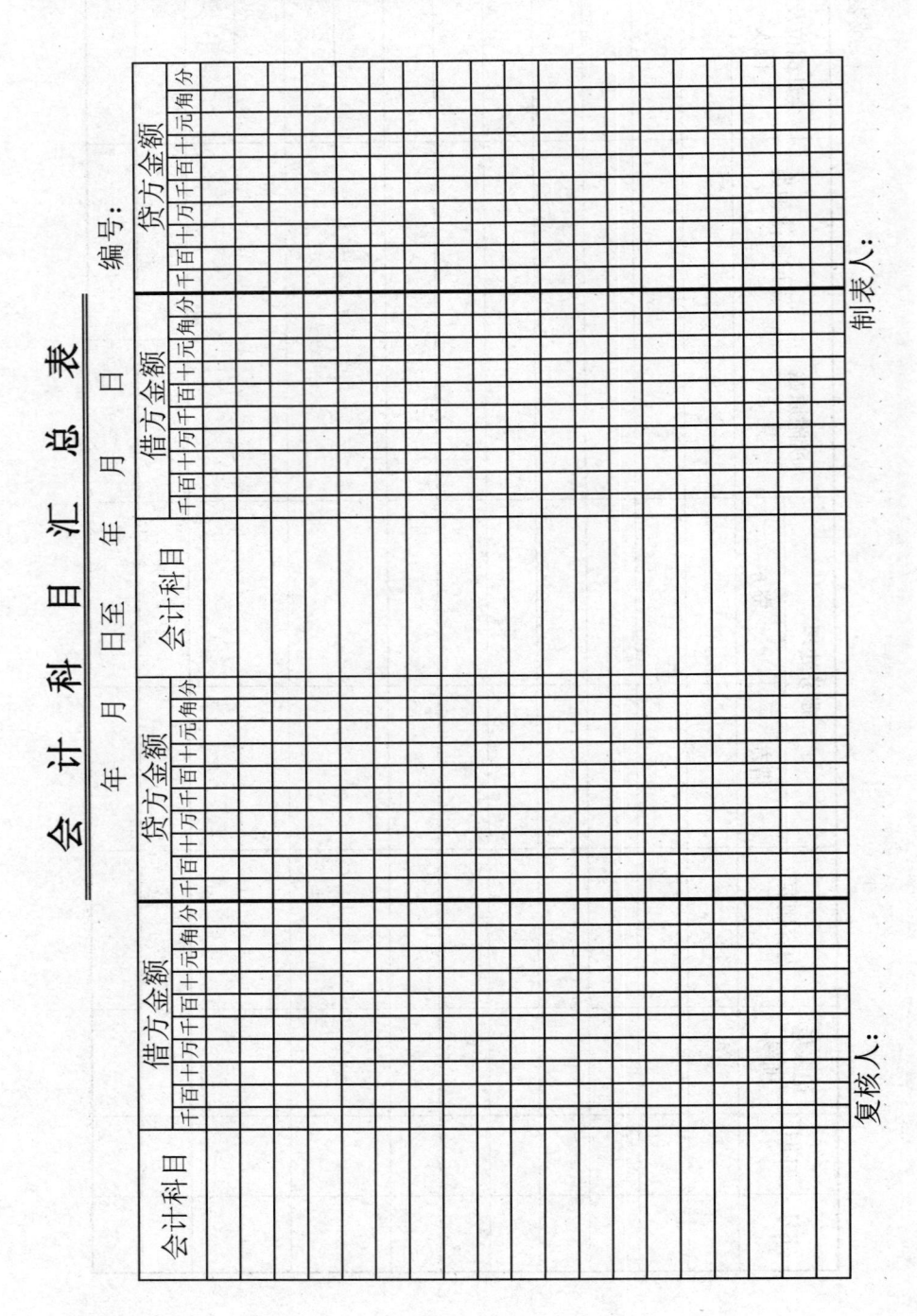

会计科目汇总表

编号：

会计年 月 日至 年 月 日

会计科目	借方金额 千百十万千百十元角分	会计科目	贷方金额 千百十万千百十元角分

制表人：　　　　复核人：

第七章 第二期会计业务设计及会计实务操作

会 计 科 目 汇 总 表

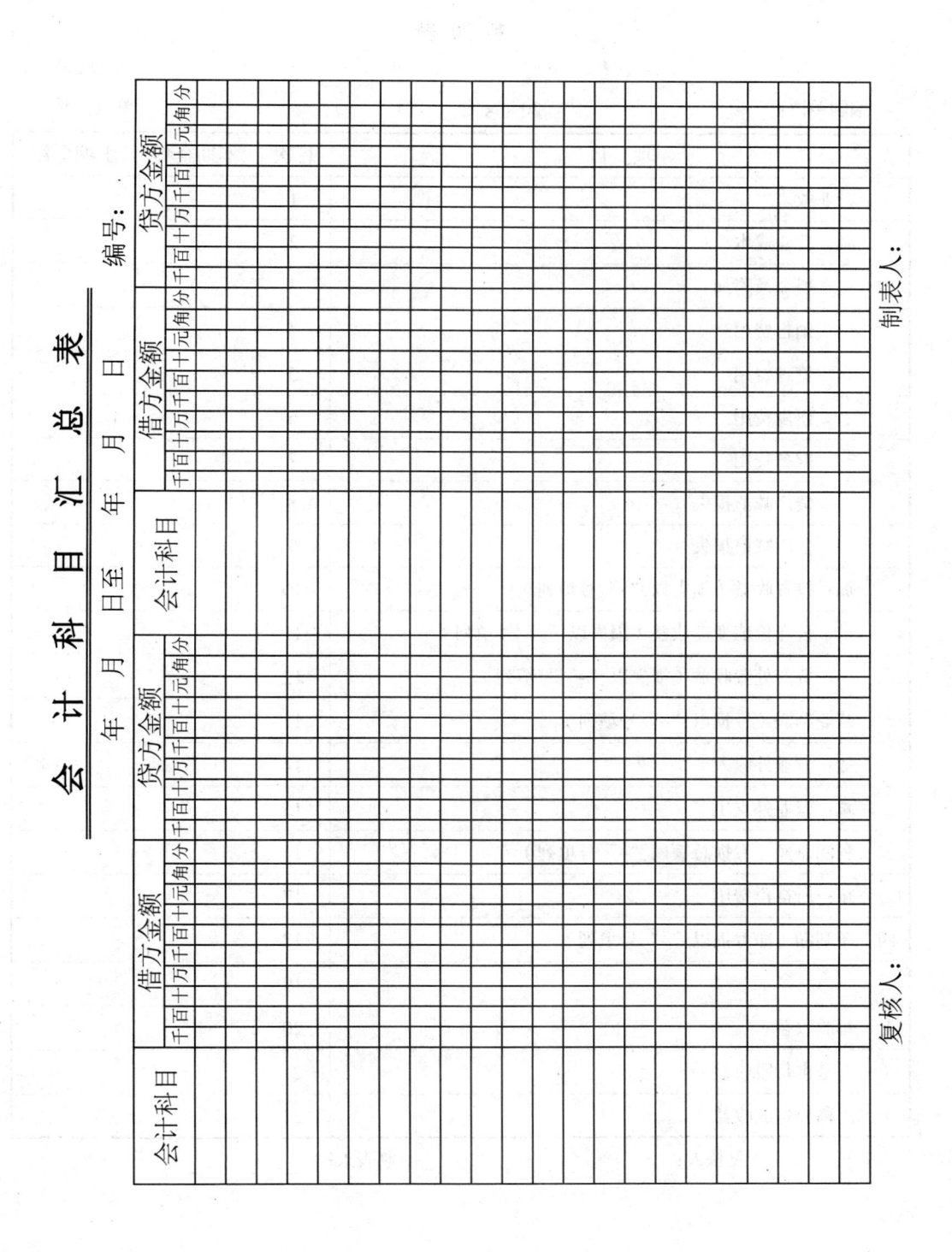

年 月 日至 年 月 日

编号：

会计科目	借方金额 千百十万千百十元角分	贷方金额 千百十万千百十元角分	会计科目	借方金额 千百十万千百十元角分	贷方金额 千百十万千百十元角分

复核人： 制表人：

157

7.3 会计报表

利 润 表

会企02表

编制单位：　　　　　　　　　20××年　月　　　　　　　　　单位：元

项　目	行次	本期金额	上期金额
一、营业收入	1		
减：营业成本	2		
税金及附加	3		
销售费用	4		
管理费用	5		
研发费用	6		
财务费用	7		
资产减值损失	8		
信用减值损失	9		
加：投资收益（损失以"-"号填列）	10		
公允价值变动收益（损失以"-"号填列）	11		
资产处置收益（损失以"-"号填列）	12		
二、营业利润（亏损以"-"号填列）	13		
加：营业外收入	14		
减：营业外支出	15		
三、利润总额（亏损总额以"-"号填列）	16		
减：所得税费用	17		
四、净利润（净亏损以"-"号填列）	18		
……	19		
七、每股收益	20		
（一）基本每股收益	21		
（二）稀释每股收益	22		

复核人：　　　　　　　　　　　　　　制表人：

资产负债表

编制单位：　　　　　　20××年　月　　　　　　　　单位：元

资产	行次	年初数	期末数	负债及所有者权益	行次	年初数	期末数
流动资产：				流动负债：			
货币资金	1	172,520.00		短期借款	26	760,000.00	
以公允价值计量且其变动计入当期损益的金融资产	2			应付票据及应付账款	28	1,259,510.00	
应收票据及应收账款	3	983,915.00		预收账款	29		
预付账款	4			应付职工薪酬	30	88,920.00	
其他应收款	5	1,900.00		应交税费	31	103,835.00	
存货	6	1,091,930.00		其他应付款	32		
……	…	……		一年内到期的非流动负债	34		
流动资产合计	10	2,250,265.00		流动负债合计	36	2,212,265.00	
非流动资产：				非流动负债：			
长期股权投资	14			非流动负债合计	44		
固定资产	16	4,183,200.00		负债合计	45		
在建工程	17			所有者权益：			
无形资产	18	88,000.00		实收资本	47	4,000,000.00	
其他非流动资产	23			资本公积	40		
非流动资产合计	24	4,271,200.00		盈余公积	52	180,000.00	
				未分配利润	53	129,200.00	
				所有者权益合计	56	4,309,200.00	
资产总计	25	6,521,465.00		负债和所有者权益总计	57	6,521,465.00	

单位负责人：　　　　　财会负责人：　　　　　复核：　　　　　制表：

第八章

企业预计经营成果分析

8.1 企业经营成果分析的目的和重点

8.1.1 企业财务分析的目的

财务分析是指以财务报表和其他资料为依据和起点,采用专门方法,系统分析和评价企业的过去和现在的经营成果、财务状况及其变动,目的是了解过去、评价现在、预测未来,帮助利益关系集团改善决策。

财务分析的目的有:

一般目的:评价过去的经营业绩;衡量现在的财务状况;预测未来的发展趋势。

具体目的:企业报表的主要使用人有六种,他们的分析目的不完全相同。

1. 投资人

投资人对企业进行财务分析,分析企业的资产和盈利能力,以决定是否对该企业进行投资;分析企业的盈利状况,股价变动和发展前景,以决定是否转让股份;分析企业资产盈利水平、破产风险和竞争能力,以考察经营者业绩;分析企业筹资状况,以决定股利分配政策。

所有者或股东,作为投资人,必然高度关心其资本的保值和增值状况,即对企业投资的回报率极为关注。对于一般投资者来讲,更关心企业提高股息、红利的发放。而对拥有企业控制权的投资者,考虑更多的是如何提高竞争实力,扩大市场占有率,降低财务风险和纳税支出,追求长期利益的持续、稳定增长。

2. 债权人

债权人对企业进行财务分析,分析企业贷款的报酬和风险,以决定是否给企业贷款;分析其流动状况,以了解债务人的短期偿债能力;分析其盈利状况,以了解债务人的长期偿债能力;根据财务分析评价企业价值,以决定是否出让债权。

因为债权人不能参与企业剩余收益分享,这就决定了他必然最为关注其债权的安全性。因此,债权人要求企业提供反映是否有足够的支付能力,以保证其债务本息能够及时、足额地得以偿还的财务信息。

3. 经理人员

企业经营管理人员为改善财务决策及控制、为满足不同利益主体的需要、协调各方面的利益关系而进行财务报表分析,涉及的内容最广泛,几乎包括外部使用人和内部职工关心的所有问题。必须对企业经营理财的各个方面,包括营运能力、偿债能力、盈利能力及社会贡献能力的全部信息予以详细了解和掌握，以便及时发现问题，采取对策，规划和调整市场定位目标、策略，以进一步挖掘潜力，为经济效益的持续发展奠定基础。

4. 供应商

供应商要通过对企业进行财务分析，以决定能否与企业长期合作；根据分析了解销售信用水平如何，以决定是否应对企业延长付款期。

5. 政府

政府通过对企业会计报表分析，重点了解企业纳税情况、遵守政府法规和市场秩序情况、职工收入和就业情况，以及企业发挥的社会效益情况等。政府对国有企业投资的目的，除关注投资产生的经济效益外，还必然对投资的社会效益予以考虑。在谋求资本保全的前提下，期望能够同时带来稳定增长的财政收入。因此，政府考核企业的经营状况，不仅需要了解企业资金占用的使用效率，预测财政收入增长情况，有效组织和调整社会资源的配置，而且还要借助财务分析，检查企业是否存在违法违纪、浪费国有资产的问题，最后通过综合分析，对企业发展的后劲以及对社会的贡献程度进行分析考察。

6. 雇员和工会

雇员和工会通过对企业进行财务分析，以判断企业盈利与雇员收入、保险、福利之间是否相适应。

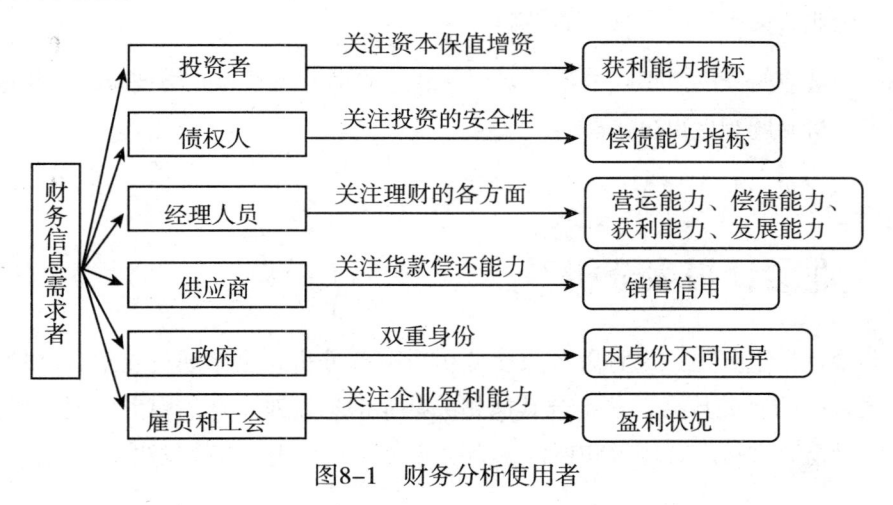

图8-1　财务分析使用者

8.1.2　企业财务分析重点

1. 资产负债表相关设计的分析重点

（1）资产的流动性分析

保持资产的流动性是企业资金管理的重点。如同一个人血液的顺利流动，一旦出现供血不足或流通堵塞，就会给企业带来很大的经济损失。

（2）资金的运动形态分析

（3）企业资本保值增值的关键因素分析

资本保值增值额 = 期末所有者权益 – 期初所有者权益

资本保值增值率 = 期末所有者权益 ÷ 期初所有者权益

（4）关键因素：企业当期净利润的增加

2. 利润表相关设计的分析重点

（1）制造成本的发生及合理性。

（2）期间费用的发生及合理性。

（3）产品结构合理性对利润的影响。

（4）产品质量对利润的影响。

（5）企业劳动生产率对利润的影响。

（6）关键应树立的意识：成本、费用与利润的量变关系为此增彼减；要用战略发展的眼光分析问题和做出决策。

8.2　企业会计报表分析

企业会计报表分析，又称财务报表分析或财务分析，是指通过收集、整理企业财务会计报告中的有关数据，并结合其他相关补充信息，对企业的财务状况、经营成果和现金流量情况进行综合比较和评价，为财务会计报告使用者提供决策的依据。

8.2.1　企业会计报表分析的意义

企业会计报表分析以企业财务报告及其他相关资料为主要依据，对企业的财务状况和经营成果进行评价和剖析，反映企业在运营过程中的利弊得失、发展趋势，从而为改进企业财务管理和优化经济决策提供重要的财务信息。财务分析既是对已经完成的财务活动的总结，又是未来财务预测的依据，在企业资金管理的循环中起着承上启下的作用。企业会计报表分析的主要目的是确定企业财务状况的好坏、盈利水平的高低、偿债能力的大小和可持续发展能力的强弱。一般来说，投资者最关心的是企业的获利能力，从而做出对该公司是否进行投资的决策；债权人最关心的是企业的偿债能力，从而做出对该企业是否继续进行贷款的决策。在一个企业中，盈利能力和偿债能力是密切相连的。如果企业获利能力强，一般可按期偿还债务；反之获利能力弱，甚至连年亏损，势必造成偿债的困难，可持续经营和发展将受到质疑。此外，企业管理者还要考虑资产流动状况及财务结构，从而评价企业的经营管理及其发展前景。企业会计报表分析是一项科学、复杂、细致的管理工作，开展企业会计报表分析具有以下重要意义。

1. 有利于企业管理者进行决策和改善经营管理

企业会计报表分析是评价企业财务状况、衡量经营业绩的重要依据。通过对财务报表等相关资料进行分析，可以了解企业的偿债能力、营运能力和发展能力，便于企业管理当局及其他报表使用者了解企业财务状况和经营成果。另外，通过分析可以将影响财务状况和经营成果的主观因素与客观因素、微观因素与宏观因素区分开来，以划清经济责任，合理评价经营者的工作业绩，并据此奖优罚劣，以促使经营者不断改进工作。

2. 有利于投资者做出投资决策和债权人制定信用政策

企业会计报表分析是合理实施投资决策的重要步骤，通过对企业会计报表进行分析，可以了解企业获利的高低、偿债能力的强弱及营运能力的大小，可以了解投资后的收益水平和风险程度，从而为投资决策提供必要的信息。

3. 有利于企业挖掘潜力、改进工作、实现理财目标

企业理财的根本目标是努力实现企业价值最大化。通过财务指标的计算和分析，了解企业的盈利能力和资产周转状况，不断挖掘企业改善财务状况、扩大财务成果的内部潜力，充分认识未被利用的人力资源和物质资源，寻找利用不当的部分及原因，发现进一步提高利用效率的可能性，以便从各个方面揭露矛盾、找出差距、寻找措施，促进企业生产经营活动按照企业价值最大化的目标实现良性运行。

8.2.2 企业会计报表分析的内容

尽管不同利益主体进行企业会计报表分析有着各自的侧重点，但就企业总体来看，企业会计报表分析的内容可归纳为四个方面：偿债能力分析、营运能力分析、盈

利能力分析和发展能力分析。其中偿债能力分析是财务目标实现的稳健保证，营运能力分析是财务目标实现的物质基础，盈利能力是以上两者共同作用的结果，同时也对两者的增强起着推动作用。四者相辅相成，共同构成企业会计报表分析的基本内容。

8.2.3 企业会计报表分析的方法

企业会计报表分析的方法很多，主要有比率分析法、比较分析法、趋势分析法和因素分析法。

1. 比率分析法

比率分析法是把某些彼此存在关联的项目加以对比，计算出比率，来据以确定经济活动变动程度的分析方法。比率是一个相对数，采用这种方法，能够把某些条件下的不可比指标变为可比的指标，以利于进行分析。

（1）比率指标主要有以下三类：

a. 构成比率。构成比率又称为结构比率，它是某项经济指标的各个组成部分与总体的比率，反映部分与总体的关系。其计算公式为：构成比率＝某个组成部分数额／总体数额。利用构成比率，可以考察总体中某个部分的形成和安排是否合理，以便协调各项财务活动。

b. 效率比率。它是某项经济活动中所费与所得的比率，反映投入与产出的关系。利用效率比率指标，可以进行得失比较，考察经营成果，评价经济效益。如将利润项目与销售成本、销售收入、资本等项目加以对比，可计算出成本利润率、销售利润率以及资本利润率等利润率指标，可以从不同角度观察比较企业获利能力的高低及其增减变化情况。

c. 相关比率。它是以某个项目和与其有关但又不同的项目加以对比所得的比率，反映有关经济活动的相互关系。利用相关比率指标，可以考察有联系的相关业务安排的是否合理，以保证企业运营活动能够顺畅进行。如将流动资产与流动负债加以对比，计算出流动比率，据以判断企业短期偿债能力。

（2）比率分析法的优点及注意事项

比率分析法的优点是计算简便，计算结果容易判断，而且可以使某些指标在不同规模企业之间进行比较，甚至也能在一定程度上超越行业间的差别进行比较。采用这一方法应该注意以下几点：

a. 对比项目的相关性。计算比率项目的子项和母项必须具有相关性，把不相关的项目进行对比是没有意义的。在构成比率指标中，部分指标必须是总体指标的这个大系统中的一个小系统，在效率比率指标中，投入和产出必须有因果关系；在相关比率指标中，两个对比指标也要有内在联系，才能评价有关经济活动之间是否协调平衡，安排是否合理。

b. 对比口径一致性。计算比率的子项和母项必须在计算时间、范围等方面保持口径一致。

c. 衡量标准的科学性。运用比率分析，选用一定的标准与之对比，以便对企业的财务状况做出评价。通常而言，科学合理的对比标准有：①预定目标，如预算指标、设计指标、定额指标、理论指标等；②历史标准，如上期实际，上期同期实际、历史先进水平以及有典型意义的时期实际水平等；③行业标准，如主管部门或行业协会颁布的技术标准、国内外同类企业的先进水平、国内外同类企业的平均水平等；④公认标准。

2. 趋势分析法

趋势分析法是将两期或连续数期财务报表相同指标进行对比，确定其增减的方向、数额和幅度，来说明企业财务状况和经营成果变动趋势的一种方法。采用这种方法，可以分析引起变化的主要原因、变动的性质，并预测企业未来的发展前景。

趋势分析法的具体应用主要有以下三种方式：

（1）重要财务指标的比较

重要财务指标的比较，是将不同时期的财务报告中的相同指标或比率进行比较，直接观察其增减变动情况及变动幅度，考察其发展趋势，预测其发展前景。

对不同时期财务指标的比较，可以有两种方法：

a. 定基动态比率。它是以某一时期的数值为固定的基期数值而计算出来的动态比率。其计算公式为：定基动态比率＝分析期数值 ÷ 固定基期数值

b. 环比动态比率。它是以每一分析期的前期数值为基期数值而计算出来的动态比率。其计算公式为：环比动态比率＝分析期数值 ÷ 前期数值

（2）会计报表金额的比较

会计报表的比较是将连续数期的会计报表的金额并列起来，比较其相同指标的增减变动金额和幅度，据以判断企业财务状况和经营成果发展变化的一种方法。会计报表的比较，具体包括资产负债表比较、利润表比较、现金流量表比较等。比较时，既要计算出表中有关项目增减变动的绝对额，又要计算出其增减变动的百分比。

（3）会计报表项目构成的比较

这是在会计报表比较的基础上发展而来的。它是以会计报表中的某个总体指标作为100%，再计算出其各组成项目占该总体指标的百分比，从而来比较各个项目百分比的增减变动，以此来判断有关财务活动的变化趋势。这种方法比前述两种方法更能

准确地分析企业财务活动的发展趋势。它既可用于同一企业不同时期财务状况的纵向比较，又可用于不同企业之间的横向比较。同时，这种方法能消除不同时期（不同企业）之间业务规模差异的影响，有利于分析企业的耗费水平和盈利水平。

在采用趋势分析法时，必须注意以下问题：第一，用于进行对比的各个时期的指标，在计算口径上必须一致；第二，剔除偶发性项目的影响，使作为分析的数据能反映正常的经营状况；第三，应用例外原则，对某项有显著变动的指标作重点分析，研究其产生的原因，以便采取对策，趋利避害。

3. 比较分析法

比较分析法是最基本的分析方法，在财务报表分析中得到了广泛的应用。比较分析法是指通过主要项目或指标数值变化的对比，确定出差异，分析和判断企业财务状况和经营成果的一种方法。

按比较对象的不同主要有以下三种形式：

（1）绝对数比较分析。绝对数比较分析一般通过编制比较财务报表，将比较各期的报表项目的数额予以并列，直接观察每一项目的增减变化情况。

（2）绝对数增减变动分析。为使比较情况进一步明朗化，在比较财务报表中增添绝对数字"增减金额"一栏，计算比较对象各项目之间的增减变动差额。

（3）百分比增减变动分析。为消除项目绝对规模因素的影响，在计算增减变动额的同时计算变动百分比，并列示于比较财务报表中，使报表使用者一目了然。其计算公式如下：

增减变动百分比 =（分析标准项目金额－分析项目金额）÷ 分析项目金额 ×100%

比较分析法可分为纵向比较分析法和横向比较分析法两种。纵向比较分析法又称趋势分析法；横向比较分析法，是将本企业的财务状况与国内外先进企业的同期财务状况进行比较，确定其存在的差异及其程度，以此来揭示企业财务状况中所存在的问题的分析方法。应用比较分析法对同一性质指标进行数量比较时，要注意所用指标的可比性，必须在指标内容、时间长度、计算口径、计价基础等方面一致。

4. 因素分析法

因素分析法又称因素替换法、连环替代法，它是用来确定几个相互联系的因素对分析对象——综合财务指标的影响程度的一种分析方法。采用这种分析方法的出发点在于，当有若干因素对分析对象发生影响作用时，假定其他各个因素都无变化，顺序确定每一个因素单独变化所产生的影响。

【案例】创华有限责任公司20××年6月甲原材料的实际数费用比计划多33,480元。由于原材料费用是由产品产量、单位产品材料消耗量和原材料单价三个因素影响构成，然后逐个来分析它们对材料费用总额的影响程度。现假定三个因素的数值如表

8-1 所示。

表8-1

项　　目	单位	计划数	实际数
产品产量	件	600	660
单位产品材料消耗量	千克	24	21
材料单价	元	15	18
材料费用总额	元	216,000	249,480

产量增加的影响：（660–600）×24×15=21,600(元)
材料节约的影响：660×(21–24)×15=–29,700(元)
价格提高的影响：660×21×(18–15)= 41,580(元)
全部因素的影响：21,600–29,700+41,580=33,480(元)

因素分析法既可以全面分析各因素对某一经济指标的影响，又可以单独分析某个因素对某一经济指标的影响，在财务分析中应用颇为广泛。但在应用这一方法时必须注意以下几个问题：

（1）因素分解的关联性

即确定构成经济指标的因素，必须是客观上存在着的因果关系，要能够反映形成该项指标差异的内在构成原因，否则就失去了其存在价值。

（2）因素替代的顺序性

替代因素时，必须按照各因素的依存关系，排列成一定的顺序并依次替代，不可随意加以颠倒，否则就会得出不同的计算结果。一般而言，确定正确的排列因素替代程序的原则是，按分析对象的性质，从诸因素相互依存的关系出发，并使分析结果有助于分清责任。

（3）顺序替代的连环性

连环替代法在计算每一个因素变动的影响时，都是在前一次计算的基础上进行，并采用连环比较的方法确定因素变化影响结果。因为只有保持计算程序上的连环性，才能使各个因素影响之和等于分析指标变动的差异，以全面说明分析指标变动的原因。

（4）分析结果的假定性

连环替代法计算的各因素变动的影响数，会因替代计算顺序的不同而有差别，因而计算结果不免带有假定性，即它不可能使每个因素计算的结果，都达到绝对的准确。它只是在某种假定前提下的影响结果，离开了这种假定前提条件，也就不会是这种影响结果。为此，分析时财务人员应力求使这种假定是合乎逻辑的假定，是具有实际意义的假定。这样，计算结果的假定性，才不至于妨碍分析的有效性。

8.3　财务比率分析

企业财务比率是为反映同一张财务报表的不同项目之间，或不同报表的相关项目之间的相互关系所采用的比率。通过财务比率分析，并结合具体的财务分析指标，可以发现和据以评价企业的财务状况和经营过程中存在的问题。

企业财务分析指标指的是企业总结和评价财务状况和经营成果的相对指标，中国《企业财务通则》中将财务分析指标分为四类，分别为偿债能力分析指标，包括资产负债率、流动比率、速动比率；营运能力分析指标，包括应收账款周转率、存货周转率；盈利能力分析指标，包括资本金利润率、销售利润率（营业收入利润率）、成本费用利润率等；发展能力分析指标，包括营业收入增长率、资本保值增值率、资本积累率、总资产增长率、营业利润增长率、技术投入比率、营业收入三年平均增长率和资本三年平均增长率。

现将企业财务分析时需用的创华有限责任公司的资产负债表和利润表资料列举如下（见表8-2、8-3）。

表8-2　资产负债表

编制单位：创华有限责任公司　　　　20××年12月31日　　　　　　　　单位：元

资产	期末余额	年初余额	负债和所有者权益（或股东权益）	期末余额	年初余额
流动资产：			流动负债：		
货币资金	128,298.00	162,520.00	短期借款	100,000.00	120,000.00
以公允价值计量且其变动计入当期损益的金融资产		6,000.00	以公允价值计量且其变动计入当期损益的金融负债		
应收票据及应收账款	657,680.00	818,040.00	应付票据及应付账款	421,520.00	461,520.00

续表

资　产	期末余额	年初余额	负债和所有者权益（或股东权益）	期末余额	年初余额
预付款项	40,000.00	80,000.00	预收款项		400.00
应收利息			应付职工薪酬	72,000.00	44,000.00
应收股利			应交税费	84,770.00	14,640.00
其他应收款	2,000.00	2,000.00	应付利息		
存货	829,000.00	732,000.00	应付股利	12,880.00	
其中：消耗性生物资产			其他应付款	10,000.00	20,000.00
一年内到期的非流动资产			一年内到期的非流动负债		200,000.00
其他流动资产			其他流动负债		
流动资产合计	1,656,978.00	1,800,560.00	流动负债合计	701,170.00	860,560.00
非流动资产：			非流动负债：		
可供出售金融资产			长期借款	464,000.00	240,000.00
			应付债券		
长期应收账			长期应付款		
长期股权投资	100,000.00	100,000.00	预计负债		
投资性房地产			递延所得税负债		
固定资产	692,400.00	440,000.00	其他非流动负债		
在建工程	291,200.00	600,000.00	非流动负债合计	464,000.00	240,000.00
生产性生物资产			负债合计	1,165,170.00	1,100,560.00

续表

资　产	期末余额	年初余额	负债和所有者权益（或股东权益）	期末余额	年初余额
油气资产			所有者权益(或股东权益)：		
无形资产	216,000.00		实收资本（或股本）	1,600,000.00	1,600,000.00
开发支出		240,000.00	资本公积		
商誉			减：库存股（新增）		
长期待摊费用	60,000.00		盈余公积	154,280.00	140,000.00
递延所得税资产		72,000.00	未分配利润	97,128.00	412,000.00
其他非流动资产			所有者权益（或股东权益）合计	1,851,408.00	2,152,000.00
非流动资产合计	1,359,600.00	1,452,000.00			
资产合计	3,016,578.00	3,252,560.00	负债和所有者权益总计	3,016,578.00	3,252,560.00

表8-3　利润表

编制单位：创华有限责任公司　　　　　20××年度　　　　　　　　　单位：元

项目	行次	上年数	本年累计数
一、营业收入	1	2,760,000.00	3,120,000.00
减：营业成本	2	1,920,000.00	2,100,000.00
税金及附加	3	4,320.00	4,800.00
销售费用	4	43,200.00	48,000.00
管理费用	5	339,336.00	377,040.00
财务费用	6	89,640.00	99,600.00
资产减值损失	7	19,440.00	2,160.00
加：公允价值变动收益（损失以"-"号填列）	8		
投资收益（损失以"-"号填列）	9	68,040.00	75,600.00
其中：对联营企业和合营企业的投资收益	10		
二、营业利润（亏损以"-"号填列）	11	412,104.00	564,000.00
加：营业外收入	12	108,000.00	120,000.00
减：营业外支出	13	37,200.00	47,280.00
其中：非流动资产处置损失	14	37,200.00	47,280.00
三、利润总额（亏损总额以"-"号填列）	15	482,904.00	636,720.00
减：所得税费用	16	150,726.00	204,180.00
四、净利润（净亏损以"-"号填列）	17	332,178.00	432,540.00
五、每股收益	18		
（一）基本每股收益	19	0.21	0.27
（二）稀释每股收益	20		

8.3.1　偿债能力分析

偿债能力是指企业偿还到期债务（包括本息）的能力。偿债能力分析包括短期偿债能力分析和长期偿债能力分析。

1. 短期偿债能力分析

短期偿债能力分析是指企业流动资产对流动负债及时足额偿还的保证程度，是衡量企业当前财务能力，特别是流动资产变现能力的重要标志。

企业短期偿债能力的衡量指标主要有流动比率、速度比率和现金流动负债率三项。

（1）流动比率

流动比率是流动资产与流动负债的比率，它表明企业每一元流动负债有多少流动资产作为偿还的保证，反映企业用可在短期内转变为现金的流动资产偿还到期流动负债的能力。其计算公式为：流动比率＝流动资产 ÷ 流动负债

一般情况下，流动比率越高，反映企业短期偿债能力越强，债权人的权益越有保证。按照西方企业的长期经验，一般认为 2∶1 的比例比较适宜。它表明企业财务状况稳定可靠，除了满足日常生产经营的流动资金需要外，还有足够的财力偿付到期短期债务。如果比例过低，则表示企业可能捉襟见肘，难以如期偿还债务。但是，流动比率也不能过高，过高则表明流动资产占用较多，会影响资金的使用效率和企业筹资成本，进而影响获利能力。究竟保持多高水平的比率，主要视企业对待风险和收益的态度予以确定。

运用流动比率时，必须注意以下几个问题：

第一，虽然流动比率越高，企业偿还短期债务的流动资产保证程度越强，但这并不等于说企业已有足够的现金或存款用来偿债。流动比率高也可能是存货积压、应收账款增多且收账期延长以及待摊费用和待处理财产损失增加所致，而真正可用来偿债的现金和存款却严重短缺。所以，企业应在分析流动比率的基础上，进一步对现金流量加以考察。

第二，从短期债权人的角度看，企业流动比率越高越好。但从企业经营管理角度看，过高的流动比率通常意味着企业闲置现金的持有量过多，必然造成企业机会成本的增加和获利能力的降低。因此，企业应尽可能将流动比率维持在不使货币资金闲置的水平。

第三，流动比率是否合理，不同的企业以及同一企业不同时期的评价标准是不同的，因此，不应用统一的标准来评价各企业流动比率合理与否。

第四，在分析流动比率时应当剔除一些虚假因素的影响。

【例1】根据表8-2资料，该公司20××年流动比率为：

年初流动比率：1,800,560 ÷ 860,560 ≈ 2.09

年末流动比率：1,656,978 ÷ 701,170 ≈ 2.36

该企业20××年年初、年末流动比率均超过一般公认标准，反映该公司具有较强的短期偿债能力。

（2）速动比率

速动比率是企业速动资产与流动负债的比率，所谓速动资产，是指流动资产减去变现能力较差且不稳定的存货、待摊费用、待处理流动资产损失等后的余额。由于剔除了存货等变现能力较弱且不稳定的资产，因此速动比率较之流动比率更加准确、可靠地评价企业资产的流动性及其偿还短期负债的能力。其计算公式为：

$$速动比率=速动资产\div流动负债$$

西方传统经验认为速动比率为 1 时是安全标准。因为如果速动比率小于 1，必使企业面临很大的偿债风险；如果速动比率大于 1，尽管债务偿还的安全性很高，但却会因企业资金及应收账款资金占用过多而大大增加企业的机会成本。

【例 2】根据表 8-2 材料该企业 20×× 年的速动比率为：

年初速动比率：$(1,800,560-732,000)\div 860,560 \approx 1.24$

年末速动比率：$(1,656,978-829,000)\div 701,170 \approx 1.18$

分析表明该企业 20×× 年年末的速动比率比年初有所降低，虽然该企业流动比率超过一般公认标准，但由于流动资产中存货所占比重较大，企业的短期偿债能力不十分理想，需提起注意。

在分析时需注意的是：尽管速动比率较之流动比率更能反映出流动负债偿还能力的安全性和稳定性，但并不能认为速动比率较低的企业的流动负债到期绝不能偿还。实际上，如果企业存货流转顺畅，实现能力较强，即使速动比率较低，只要流动比率高，企业仍然有望偿还到期的债务本息。

（3）现金流动负债比率

现金流动负债比率是企业一定时期的现金净流量同流动负债的比率，它可以从现金流量角度来反映企业当期偿付短期负债的能力。其计算公式为：

$$现金流动负债比率=年经营现金净流量\div 年末流动负债\times 100\%$$

上式中年经营现金净流量指一定时期内，由企业经营活动所产生的现金及其等价物的流入量与流出量的差额。

该指标是从现金流入和流出的动态角度对企业的实际偿债能力进行考察。由于有利润的年份不一定有足够的现金来偿还债务，所以利用以收付实现制为基础的现金流动负债比率指标，能充分体现企业经营活动所产生的现金净流量在多大程度上来保证当期流动负债的偿还，直观地反映出企业偿还流动负债的实际能力。用该指标评价企业偿债能力更为谨慎。该指标较大，表明企业经营活动产生的现金净流量较多，能够保障企业按时偿还到期债务。但也不是越大越好，太大则表示企业流动资金利用不充分，收益能力不强。

2. 长期偿债能力分析

长期偿债能力，指企业偿还长期负债的能力。其分析指标主要有：

（1）资产负债率

资产负债率又称负债比率，是企业负债总额对资产总额的比率。它表明企业资产总额中，债权人提供资金所占的比重，以及企业资产对债权人权益的保障程度。其计算公式为：

$$资产负债率 = 负债总额 \div 资产总额$$

这一比率越小表明企业的长期偿债能力越强。如果此项比率较大，从企业所有者来说，利用较少量的自由资金投资，形成较多的生产经营用资产，不仅扩大了生产经营规模，而且在经营状况良好的情况下，还可以利用财务杠杆作用，得到较多的投资利润。但是如果这一比率过大，则表明企业债务负担重，企业资金实力不强，不仅对债权人不利，而且企业有濒临倒闭的危险。

【例3】根据表8-2资料，该企业20××年的资产负债率为：

年初资产负债率 = 1,100,560 ÷ 3,252,560 × 100% ≈ 33.84%

年末资产负债率 = 1,165,170 ÷ 3,016,578 × 100% ≈ 38.63%

该企业年初、年末的资产负债率均不高，说明企业长期偿债能力较强，这样有助于增强债权人对企业出借资金的信心。

（2）产权比率

产权比率是指负债总额与所有者权益的比率，是企业财务结构稳健与否的重要标志，也称资本负债率。它反映企业所有者权益对债权人权益的保障程度。其计算公式为：

$$产权比率 = 负债总额 \div 所有者权益$$

该指标越低，表明企业长期偿债能力越强，债权人权益的保障程度越高，承担的风险越小，但企业不能充分地发挥负债的财务杠杆效应。所以，企业在评价产权比率适度与否时，应从提高获利能力与增强偿债能力两个方面综合进行，即在保障债务偿还安全的前提下，应尽可能提高产权比率。

【例4】根据表8-2资料，该企业20××年的产权比率为：

年初产权比率 = 1,100,560 ÷ 2,152,000 ≈ 0.51

年末产权比率 = 1,165,170 ÷ 1,851,408 ≈ 0.63

该企业20**年年初、年末的产权比率都不高，同资产负债率的计算结果可相互印证，表明企业的长期偿债能力强，债权人的保障程度良好。

产权比率与资产负债率对评价偿债能力的作用基本相同，主要区别是：资产负债率侧重于分析债务偿付安全性的物质保障程度,产权比率则侧重于揭示财务结构的稳健程度以及自有资金对偿债风险的承受能力。

(3)已获利息倍数

已获利息倍数是指企业息税前利润与利息支出的比率,它可以反映获利能力对债务偿付的保障程度。其计算公式为:

$$已获利息倍数 = 息税前利润 \div 利息支出$$

息税前利润是指支付利息和所得税前的正常业务经营利润,不包括非正常项目。这是由于负债与资本支持的项目一般属于正常业务经营范围,因此计算已获利息倍数时就应当以正常业务经营的息税前利润为基础。为了更加准确地反映利息的保障程度,利息支出应包括企业在生产经营过程中实际支出的借款利息、债券利息等。

该指标不仅反映了企业获利能力的大小,而且反映了获利能力对偿还到期债务的保证程度,它既是企业举债经营的前提依据,也是衡量企业长期偿债能力大小的重要标志。由此可以得出这样的启示:若要维持正常偿债能力,从长期看,已获利息倍数应当大于1,且比值越高,企业长期偿债能力一般也就越强。如果已获利息倍数过小,企业将面临亏损、偿债的安全性与稳定性下降的风险。究竟企业已获利息倍数应是利息的多少倍,才算偿付能力强,这要根据往年经验结合行业特点来判断。

【例5】根据表8-3资料,假定表中财务费用全部为利息费用,该企业已获利息倍数为:上一年利息保障倍数为:

$(482,904+89,640) \div 89,640 \approx 6.39$

20××年利息保障倍数为:

$(636,720+99,600) \div 99,600 \approx 7.39$

从以上倍数来看,应当说企业上一年和20××年的已获利息倍数都高,有较强的偿付负债利息的能力。进一步还需结合企业往年的情况和行业的特点进行判断。

(4)长期资产适合率

长期资产适合率是企业所有者权益与长期负债之和同固定资产与长期投资之和的比率,它可以从企业资源配置结构方面反映企业的偿债能力。其计算公式为:

$$长期资产适合率 = (所有者权益 + 长期负债) \div (固定资产 + 长期投资) \times 100\%$$

长期资产适合率从企业长期资产与长期资本的平衡性与协调性的角度出发,反映了企业财务结构的稳定程度和财务风险的大小。该指标在充分反映企业偿债能力的同时,也反映了企业资金使用的合理性,分析企业是否存在盲目投资、长期资产挤占流动资金或者负债使用不充分等问题,有利于加强企业的内部管理和外部监督。从维护企业财务结构稳定和长期安全性角度出发,该指标数值较高比较好,但过高也会带来融资成本增加的问题,理论上认为该指标≥100%较好,因此该指标究竟多高合适,应根据企业的具体情况,参照行业的平均水平确定。

【例6】根据表8-2资料该企业长期资产适合率为:

年初长期资产适合率:(2,152,000+240,000)÷(440,000+100,000)×100%≈443%

年末长期资产适合率:(1,851,408+464,000)÷(692,400+100,000)×100%≈292%

这表明该企业20××年度的长期资产适合率有所降低,但是指标仍然乐观。

8.3.2 营运能力分析

1. 营运能力

营运能力是指企业基于外部市场环境的约束,通过内部人力资源和生产资料的配置组合而对财务目标所产生作用的大小。营运能力的分析包括人力资源营运能力的分析和生产资料营运能力的分析。

(1)人力资源营运能力的分析

人,作为生产力的主体和企业财富的原始创造者,其素质水平的高低对企业营运能力的形成状况具有决定性作用,而分析和评价人力资源营运能力的着眼点在于如何充分调动劳动者的积极性、能动性,从而提高其经营效率。通常采用劳动效率指标进行分析:

劳动效率是指企业主营业务收入净额或净产值与平均职工人数(可以视不同情况具体确定)的比率,其计算公式为:

$$劳动效率=主营业务收入净额或净产值÷平均职工人数$$

对企业劳动效率进行考核评价主要是采用比较的方法,例如将实际劳动效率与本企业计划水平、历史先进水平或同行业平均先进水平等指标进行对比,进而确定其差异程度,分析造成差异的原因,以择取适宜对策,进一步发掘提高人力资源劳动效率的潜能。

(2)生产资料营运能力分析

企业拥有或控制的生产资料表现为各项资产占用。因此,生产资料的营运能力实际上就是企业的总资产及其各个组成要素的营运能力。资产营运能力的强弱关键取决于周转速度,一般说来,周转速度越快,资产的使用效率越高,则资产营运能力越强;反之,营运能力就越差。所谓周转率即企业在一定时期内的周转额与平均余额的比率,它反映企业资金在一定时期内的周转次数,周转次数越多,周转速度越快,表明营运能力越强。这一指标的反指标是周转期,它是周转次数的倒数与计算期天数的乘积，反映资产周转一次所需要的天数。周转期越短，表明周转速度越快，资产营运能力越强。其计算公式为：

$$周转率（周转次数）=周转额÷资产平均余额$$

$$周转期（周转天数）=计算期天数÷周转次数$$

2. 资产营运能力的分析可以从以下几个方面进行

（1）流动资产周转情况分析

反映流动资产周转情况的指标主要有应收账款周转率、存货周转率和流动资产周转率。

a. 应收账款周转率。

应收账款周转率是一定时期内商品或产品主营业务收入净额与平均应收账款余额的比值，是反映应收账款周转速度的指标。其计算公式为：

$$应收账款周转速率（次）=主营业务收入净额÷平均应收账款余额$$

其中：主营业务收入净额=主营业务收入—销售折扣与折让

平均应收账款余额=（应收账款年初数+应收账款年末数）÷2

应收账款周转天数=（平均应收账款余额×360）÷主营业务收入净额

应收账款周转率反映了企业应收账款变现速度的快慢及管理效率的高低，周转率高表明：①收账迅速，账龄较短；②资产流动性强，短期偿债能力强；③可以减少收账费用和坏账损失，从而相对增加企业流动资产的投资效益。同时借助应收账款周转期与企业信用期限的比较，还可以评价购买单位的信用程度，以及企业原定的信用条件是否适当。

利用上述公式计算应收账款周转率时，需要注意几个问题：

①公式中的应收账款包括会计核算中的"应收账款"和"应收票据"等全部赊销账款在内，且其金额应为扣除坏账准备后的净额；

②如果应收账款余额的波动性较大，应尽可能使用更详尽的计算资料，如按每月的应收账款余额来计算其平均占用额；

③分子、分母的数据应注意时间的对应性。

【例7】根据表8-2资料计算上一年和20××年两年的应收账款周转率，如表8-4所示。以上计算结果表明，该企业20××年应收账款周转率比上一年有所改善，周转次数由3.92次提高为4.59次，周转天数由91.84减少为78.43天。这不仅说明企业的营运能力有所提高，而且对流动资产的变现能力和周转速度也会产生促进作用。

表8-4　应收账款周转率计算表　　　　　单位：元

项　目	（20××-2）年	（20××-1）年	20××年
收入净额		2,760,000	3,120,000
应收账款年末余额	689,000	719,640	639,280
平均应收账款余额		704,320	679,460
应收账款周转次数		3.92	4.59
应收账款周转天数		91.84	78.43

b. 存货周转率。

存货周转率是一定时期内企业主营业务成本与存货平均资金占用额的比率，是反映企业流动资产流动性的一个指标，也是衡量企业生产经营各环节中存货运营效率的一个综合指标。计算公式为：

$$存货周转率（次数）=主营业务成本÷平均存货$$

$$平均存货=（存货年初数+存货年末数）÷2$$

$$存货周转天数=平均存货×360/主营业务成本$$

存货周转速度的快慢，不仅反映出企业采购、储存、生产、销售各环节管理工作的好坏，而且对企业的偿债能力及获利能力产生决定性的影响。一般来讲存货周转率越高越好，存货周转率越高，表明其变现的速度越快，周转额越大，资金占用水平越低。因此，通过存货周转分析，有利于找出存货管理存在的问题，尽可能降低资金占用水平。存货既不能储存过少，否则可能造成生产中断或销售紧张；又不能储存过多，否则可能形成呆滞、积压。一定要保证结构合理、质量可靠。其次，存货是流动资产的重要组成部分，其质量和流动性对企业流动比率具有举足轻重的影响，并进而影响企业的短期偿债能力。故一定要加强存货管理，以提高其变现能力和盈利能力。

在计算存货周转率时应注意以下几个问题：

①存货计价方法对存货周转率具有较大的影响，因此，在分析企业不同时期或不同企业周转率时，应注意存货计价方法的口径是否一致；

②分子、分母的数据应注意时间上的对应性。

【例8】创华有限责任公司20××年存货年末余额为768,000元，该公司上一年、20××年存货周转率，可计算如表8-5所示。

表8-5　存货周转率计算表　　　　　单位：元

项目	（20××-2）年	（20××-1）年	20××年
主营业务成本		1,920,000	2,100,000
存货年末余额	768,000	732,000	829,000
存货平均余额		750,000	780,500
存货周转次数		2.56	2.69
存货周转天数		140.63	133.8

c. 流动资产周转率。

流动资产周转率是流动资产的平均占用额与流动资产在一定时期内所完成的周转额(主营业务收入)之间的比率，是反映企业流动资产周转速度的指标。其计算公式为：

流动资产周转率（次数）＝主营业务收入净额÷平均流动资产总额

流动资产周转期（天数）＝平均流动资产总额×360÷主营业务收入净额

平均流动资产总额应按分析期的不同分别加以确定，并应保持分子的主营业务收入净额与分母的平均流动资产总额在时间上的一致性。

在一定时期内流动资产周转次数越多，说明以相同的流动资产完成的周转额越多，流动资产利用效果越好。流动资产周转率用周转天数表示时，周转一次所用天数越少，表明流动资产在经历生产和销售各阶段时所占用的时间越短。生产经营任何一个环节上的工作改善，都会反映到周转天数的缩短上来。

【例9】假设创华有限责任公司（20××-2）年流动资产年末余额为1,760,000元，可以计算公司（20××-1）、20××年流动资产周转情况如表8-6所示。

表8-6　流动资产周转率计算表　　　　　单位：元

项目	（20××-2）年	（20××-1）年	20××年
主营业务收入净额		2,760,000	3,120,000
流动资产年末余额	1,760,000	1,800,560	1,656,978
流动资产平均余额		1,780,280	1,728,769
流动资产周转次数		1.55	1.80
流动资产周转天数		232.21	199.47

由此可见，该公司20××年流动资产周转速度比上一年加速了32.74天。主要原因是流动资产占用减少和主营业务收入净额的增加。

（2）固定资产周转情况分析

反映固定资产周转情况的指标主要有固定资产周转率。

固定资产周转率是指企业年销售收入净额与固定资产平均净值的比率。它是反映企业固定资产周转情况，从而衡量固定资产利用效率的一项指标。其计算公式为：

固定资产周转率＝主营业务收入净额÷固定资产平均净值

固定资产周转率高，表明企业固定资产利用充分，同时也能表明企业固定资产使用得当，固定资产结构合理，能够充分发挥效率。反之，如果固定资产周转率不高，则表明固定资产使用效率不高，提供的生产成果不多，企业的营运能力不强。

运用固定资产周转率时，需要考虑固定资产因计提折旧的影响，其净值在不断地减少以及因更新重置，其净值突然增加的影响。同时，由于折旧方法的不同，可能影响其可比性。故在分析时，一定要剔除不可比因素。

【例10】假设创华有限责任公司20××年末固定资产净值为468,000元，则该公司20××-1年、20××年固定资产周转率如表8-7所示。

表8-7　固定资产周转率计算表　　　　　单位：元

项目	（20××-2）年	（20××-1）年	20××年
主营业务收入净额		2,760,000	3,120,000
固定资产年末净值	468,000	440,000	692,400
固定资产平均净值		454,000	566,200
固定资产周转次数		6.08	5.51

以上计算结果表明，公司20××年固定资产周转率比上一年有所减缓，其主要原因是固定资产净值的增加程度高于主营业务收入净额增长幅度所引起的。这表明企业的营运能力有所降低。

（3）总资产周转情况分析

反映总资产周转情况的指标主要有总资产周转率。

总资产周转率是企业主营业务收入净额与资产总额的比率，它可用来反映企业全部资产的利用效率。其计算公式为：总资产周转率＝主营业务收入净额÷平均资产总额

平均资产总额应按分析期的不同分别加以确定，并应当与分子的主营业务收入净额在时间上保持一致。

总资产周转率高，说明企业全部资产使用效率高；如果这个比率较低，说明使用效率较差，最终会影响企业的盈利能力。企业应采取各项措施来提高企业的资产利用程度，如提高销售收入或处理多余的资产。

【例11】假设创华有限责任公司（20××-2）年末全部资产总额为3,100,600元，则该公司上一年和20××年总资产周转率可计算如表8-8所示。

表8-8　总资产周转率计算表　　　　　　　　　　　单位：元

项目	（20××-2）年	（20××-1）年	20××年
主营业务收入净额		2,760,000	3,120,000
全部资产年末余额	3,100,600	3,252,560	3,016,578
全部资产平均余额		3,176,580	3,134,569
全部资产周转次数		0.87	1.00

以上计算表明，公司20××年全部资产周转率比上一年明显加快。这是因为该公司主营业务收入净额的增长程度13%大大高于全部资产平均余额降低1%的程度，所以总资产的利用效果有较大幅度提高。

8.3.3　盈利能力分析

对增值的不断追求是企业资金运动的动力源泉与直接目的。盈利能力是指企业资金增值的能力，即企业获取利润的能力，它通常体现为企业收益数额的大小与水平的高低。分析盈利能力时，应排除非正常因素影响，比如证券买卖等，只涉及企业正常的经营状况。一般可用以下指标进行企业盈利能力的分析：

1. 营业利润率

从利润表来看，企业的利润包括营业利润、利润总额和净利润3种形式。其中利润总额和净利润包含着非销售利润因素，所以能够更直接反映销售获利能力的指标是营业利润率。营业利润率是营业利润与营业收入净额的比率。其基本计算公式为：

营业利润率＝（营业利润÷营业收入净额）×100%

根据营业利润的3种具体形式，可分别计算如下：

营业收入毛利润率（%）＝（营业毛利润÷营业收入净额）×100%

营业收入总利润率（%）＝（利润总额 ÷ 营业收入净额）×100%

营业收入净利润率（%）＝（净利润 ÷ 营业收入净额）×100%

通过考察营业利润占营业收入净额比重的升降，可以发现企业经营理财状况的稳定性、面临的危险或可能出现的转机迹象。

【例12】根据表8-3，可计算主营业务利润率如表8-9所示。

表8-9　营业利润率计算表　　　　　　　　　　单位：元

项目	上一年	20××年
营业收入净额	2,760,000	3,120,000
营业利润	412,104	564,000
利润总额	482,904	636,720
净利润	332,178	432,540
营业收入毛利润率	14.93%	18.08%
营业收入总利润率	17.50%	20.41%
营业收入净利润率	12.04%	13.86%

从以上分析可以看出：创华有限责任公司营业利润率呈提高趋势。进一步分析可以得到，这种趋势主要是由于公司20××年成本费用降低所致，其毛利率、总利润率和净利润率比上一年均有所提高。

2. 成本费用利润率

成本费用利润率是指利润与成本费用的比率，它反映企业生产经营过程中发生的耗费与获得的收益之间的关系。其计算公式为：

成本费用利润率＝（净利润 ÷ 成本费用）×100%

同利润一样，成本也可分为狭义和广义两个层次：狭义的成本只为主营业务成本和其他业务成本的合计，即营业成本；广义的成本为计算营业利润扣减的各项成本和费用。狭义和广义的营业成本利润率反映企业主要直接成本与间接费用的利用效果，是企业加强成本管理的不同着眼点。

【例13】根据表8-3，可计算狭义营业成本利润率，反映主要直接成本利用效果。

上一年营业成本利润率为：

332,178 ÷ 1,920,000 × 100% ≈ 17.30%

20××年成本费用利润率为：

432,540 ÷ 2,100,000 × 100% ≈ 20.60%

从以上计算结果可以看到，该公司营业成本利润率指标20××年比20××-1年有所提高。公司应当深入分析导致直接成本费用下降的因素，总结生产经营中有关节约成本的经验，采取进一步提高效益指标水平的措施。

3. 总资产收益率

总资产收益率是企业一定时期内获得的报酬总额与企业平均资产总额的比率。它是反映企业资产综合利用效果的指标，也是衡量企业利用债权人和所有者权益总额所取得盈利的重要指标。其计算公式为：

总资产收益率＝（净利润÷平均资产总额）×100%

平均资产总额为年初资产总额与年末资产总额的平均数。该比率越高，说明该企业资产利用效益越好，整个企业盈利能力越强，经营管理水平越高。

【例14】根据表8-3、8-8及有关资料，可计算总资产收益率：

上一年总资产收益率为：

332,178÷〔（3,100,600＋3,252,560）÷2〕≈10.46%

20××年总资产收益率为：

432,540÷〔（3,252,560＋3,016,578）÷2〕≈13.80%

计算结果表明，企业资产综合利用效率20××年好于上一年，需要对公司资产的使用情况、增产节约情况作进一步分析总结，以便推广好的经验，不断提高资金利用效益。

4. 净资产收益率

净资产收益率是指企业一定时期内的净利润同平均净资产的比率。它可以反映投资者投入企业的自有成本获取净收益的能力，即反映投资与报酬的关系，因而是评价企业资本经营效益的核心指标。其计算公式为：

净资产收益率＝（净利润÷平均净资产）×100%

净资产收益率是评价企业自有资本及其积累获取报酬水平的最具综合性和代表性的指标，又称股东权益净利率，反映企业资本运营的综合效益。该指标通用性强，适用范围广，不受行业局限。在我国上市公司业绩排序中，该指标居于首位。通过对该指标的综合对比分析，可以看出企业获利能力在同行业中所处的地位，以及与同类企业的差异水平。一般认为，企业净资产收益率越高，企业自有资本获取收益的能力越强，运营效益越好，对企业投资人、债权人的保证程度越高。

【例15】根据有关资料，假设创华有限责任公司（20××-2）年末所有者权益合计为1,866,000元，则该公司上一年和20××年的净资产收益率为：

上一年净资产收益率为：

332,178÷〔(1,866,000+2,152,000)÷2〕≈16.53%

20××年净资产收益率为：

432,540÷〔(2,152,000+1,851,408)÷2〕≈21.61%

该公司20××年净资产收益率比上一年提高了5.08个百分点，这是由于该公司净利润的增长快于所有者权益的增长所引起的。根据前列资料可以得知，该公司由于分红利集中，所有者权益总额下降300,592元，而其净利润的增长100,362元，综合影响净资产收益率明显提高。

8.3.4 企业发展能力分析

发展能力是企业生存的基础，是扩大经营规模，壮大实力的潜在能力。反映发展能力的指标主要有销售（营业）增长率、资本积累率、总资产增长率等。

1. 销售（营业）增长率

销售（营业）增长率是指本年销售（营业）收入增长额同上年销售（营业）收入总额的比率。这里，企业销售（营业）收入，是企业的全部营业收入。销售（营业）增长率反映企业销售（营业）收入的增减变化情况，是评价企业成长状况和发展能力的重要指标。其计算公式为：

销售（营业）增长率=本年销售（营业）增长额/上年销售（营业）收入总额×100%

该指标是衡量企业经营状况和市场占有能力、预测企业经营业务拓展趋势的重要标志，也是企业扩张增量和存量资本的重要前提。不断增加的销售（营业）收入，是企业生存的基础和发展的条件。该指标若大于零，表示企业本年的销售（营业）收入有所增长，指标值越高，表示增长速度越快，企业市场前景越好；若指标小于零，则说明企业或是产品不适销对路、质次价高，或是在售后服务等方面存在问题，产品销售不出去，市场份额萎缩。该指标在实际操作时，应结合企业历年的销售（营业）水平、企业市场占有情况、行业未来发展及其他影响企业发展的潜在因素进行前瞻性预测，或者结合企业前三年的销售（营业）增长率做出趋势性分析判断。

【例16】根据表8-3资料，可计算该企业20××年度销售（营业）增长率为：

(3,120,000－2,760,000)÷2,760,000≈13.04%

2. 资本积累率

资本积累率是指企业本年所有者权益增长额同年初所有者权益的比率，它可以表示企业当年的积累能力，是评价企业发展潜力的重要指标。

资本积累率=本年所有者权益增长额÷年初所有者权益×100%

该指标是企业当年所有者权益总的增长率，反映了企业所有者权益在当年的变动水平。资本积累率体现了企业资本的积累情况，是企业发展强盛的标志，也是企业扩大再生产的源泉，展示了企业发展的活力。资本积累率反映了投资者投入企业资本的保全性和增长性，该指标越高，表明企业的资本积累越多，企业资本保全性越强，应付风险、持续发展的能力越大。该指标如为负值，一般表明企业受到侵蚀，或企业发生经营亏损。但也有一种情况，是企业将利润用于分发红利，使所有者权益减少，此情况应另当别论。此案例属于后一种情况。

【例17】根据表8-2资料，可计算该企业20××年度资本积累率为：

（1,851,408－2,152,000）÷2,152,000×100%＝－13.97%

3. 总资产增长率

总资产增长率是企业年总资产增长额同年初资产总额的比率，它可以衡量企业本期资产规模的增长情况，评价企业经营规模总量的扩张程度。其计算公式为：

总资产增长率＝本年总资产增长额/年初资产总额×100%

该指标是从企业资产总量扩张方面衡量企业的发展能力，表明企业规模增长水平对企业发展后劲的影响。该指标越高，表明企业一个经营周期内资产经营规模扩张的速度越快。但实际操作中，应注意资产规模扩张的质与量的关系，以及企业的后续发展能力，避免资产盲目扩张。

【例18】根据表8-2资料，可计算该企业20××年度总资产增长率为：

（3,016,578 － 3,252,560）÷3,252,560×100%＝－7.26%

4. 固定资产成新率

固定资产成新率是企业当期平均固定资产净值同平均固定资产原值的比率。其计算公式为：

固定资产成新率＝平均固定资产净值/平均固定资产原值×100%

平均固定资产净值是指企业固定资产净值的年初数同年末数的平均值。平均固定资产原值是指企业固定资产原值的年初数与年末数的平均值。

固定资产成新率反映了企业所拥有的固定资产的新旧程度，体现了企业固定资产更新的快慢和持续发展的能力。该指标高，表明企业固定资产比较新，对扩大再生产的准备比较充足，发展的可能性比较大。运用该指标分析固定资产新旧程度时，应剔除企业应提未提折旧对房屋、机器设备等固定资产真实情况的影响。

8.3.5 财务综合分析——杜邦分析体系

杜邦分析法是一种比较实用的财务比率分析体系。这种分析方法首先由美国杜邦公司的经理创造出来，故又称杜邦财务分析体系（the Du Pont System）。这种财务分析方法从评价企业绩效最具综合性和代表性的指标——净资产收益率出发，层层分解至企业最基本生产要素的使用，成本与费用的构成和企业风险，从而满足通过财务分析进行绩效评价的需要。在经营目标发生异动时经营者能及时查明原因并加以修正，同时为投资者、债权人及政府评价企业提供依据。

杜邦分析法的特点在于：它通过几种主要的财务比率之间的相互关系，重点揭示企业获利能力及权益系数对净资产收益率的影响。采用这一方法，可使财务比率分析的层次更清晰、条理更突出，为财务报告分析者全面仔细了解企业的经营和盈利状况提供了方便，也为管理者提供了一张明晰的考察公司管理效率和如何实现最大股东投资回报的路线图。

（一）杜邦分析体系的构成

杜邦财务分析体系以净资产收益率指标为核心，分为三大层次：

1. 净资产收益率及其分解

$$\text{净资产收益率} = \frac{\text{净利润}}{\text{平均净资产}} = \frac{\text{净利润}}{\text{平均资产总额}} \times \frac{1}{(1-\text{资产负债率})}$$
$$= \text{总资产收益率} \times \text{权益乘数} \quad (8-1)$$

2. 总资产收益率及其分解

$$\text{总资产收益率} = \frac{\text{净利润}}{\text{平均资产总额}} = \frac{\text{净利润}}{\text{销售收入}} \times \frac{\text{销售收入}}{\text{平均资产总额}} = \text{销售净利率} \times \text{总资产周转率} \quad (8-2)$$

由式（8-1）和（8-2）可得：

$$\text{净资产收益率} = \text{销售净利率} \times \text{总资产周转率} \times \text{权益乘数} \quad (8-3)$$

3. 销售净利率与总资产周转率及其分解

$$\text{销售净利率} = \frac{\text{净利润}}{\text{销售收入}} = \frac{(\text{总收入}-\text{总成本费用})}{\text{销售收入}} \quad (8-4)$$

$$\text{总资产周转率} = \frac{\text{销售收入}}{\text{平均资产总额}} = \frac{\text{销售收入}}{(\text{流动资产}+\text{非流动资产})} \quad (8-5)$$

（二）杜邦分析体系的应用

杜邦分析法利用各个主要财务比率之间的内在联系，建立财务比率分析的综合模型，来综合分析和评价企业财务状况和经营业绩。采用杜邦分析系统图将有关分析指标按内在联系加以排列，可以直观地反映出企业的财务状况和经营成果的总体面貌。

杜邦分析系统如图 8-2 所示。

可以看出，杜邦分析图提供了下列主要的财务指标关系的信息：

1. 净资产收益率是杜邦分析体系的核心

净资产收益率是一个综合性最强的财务比率，是杜邦分析体系的核心。它反映所有者投入资本的获利能力，同时反映企业筹资、投资、资产运营等活动的效率。决定净资产收益率高低的因素有三个方面：权益乘数、销售净利率和总资产周转率。权益乘数、销售净利率和总资产周转率三个比率分别反映了企业的负债比率、盈利能力比率和资产管理比率。

2. 权益乘数与资本结构相关，反映企业偿债能力

权益乘数主要受资产负债率影响，负债比率越大，权益乘数越高，说明企业有较高的负债程度，给企业带来较多的杠杆利益，同时也给企业带来了较多的风险。负债比率低，权益乘数就小，说明企业负债程度低，企业会有较少的杠杆利益，但相应所承担的风险低。

3. 总资产收益率同时受到销售净利率和总资产周转率的影响

总资产收益率是一个综合性的指标，同时受到销售净利率和总资产周转率的影响。

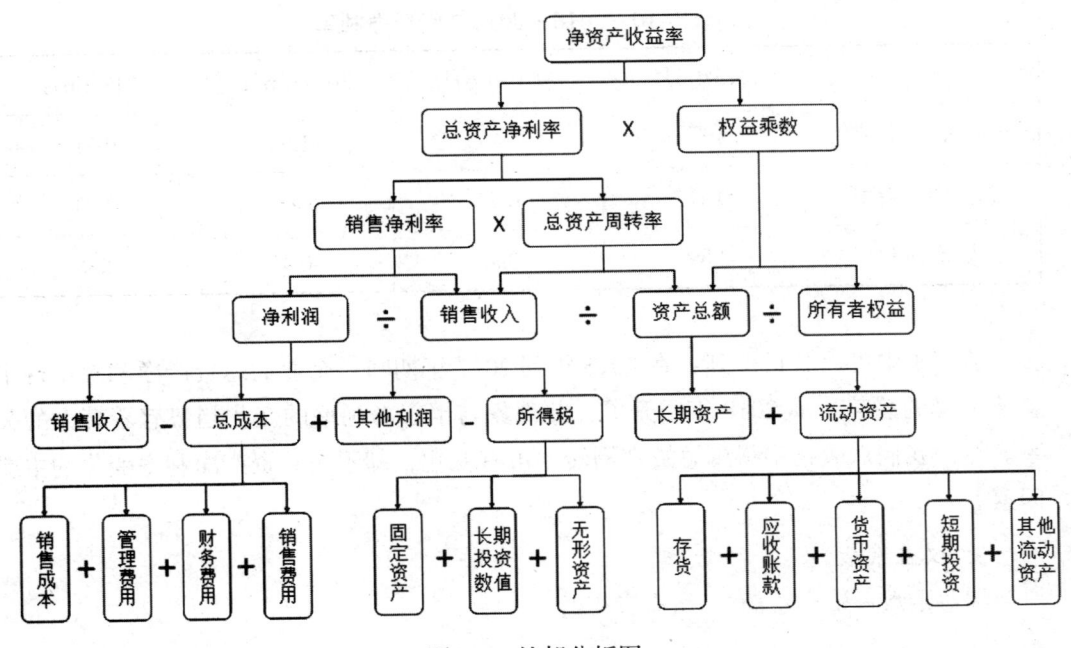

图8-2 杜邦分析图

（1）销售净利率是反映企业盈利能力的重要指标，反映了企业利润总额与销售收入的关系，从这个意义上看提高销售净利率是提高企业盈利能力的关键所在。扩大销售收入、降低成本费用是提高企业销售净利率的根本途径，而扩大销售，同时也是提高资产周转率的必要条件和途径。

（2）总资产周转率是反映企业营运能力的重要指标。企业资产的营运能力既关系到企业的获利能力，又关系到企业的偿债能力。一般而言，流动资产直接体现企业的偿债能力和变现能力，非流动资产体现企业的经营规模和发展潜力，两者之间应有一个合理的结构比率。总资产周转率反映总资产的周转速度，对资产周转率的分析，需要对影响资产周转的各因素进行分析，以判明影响企业资产周转的主要问题在哪里，并制定实施相关措施，从而提高总资产周转率。

【案例分析】

以某企业 2015 年至 2018 年的资产负债表、利润表以及现金流量表为研究对象，进行杜邦分析。

1. 总资产净利率

总资产净利率＝销售净利率 × 总资产周转率

表8-10 2015—2018总资产净利率

会计年度	2015年6月	2016年6月	2017年6月	2018年6月
销售净利率	3.56	1.17	−1.54	0.51
总资产周转率	0.81	0.73	0.63	0.74
总资产净利率	2.89	0.85	−0.97	0.38

从表 1 中可以分析得到：在 2015 年到 2017 年期间，企业的总资产净利率出现了急速下降的趋势，而 2018 年回升了，此现象与销售净利率的变化趋势有着莫大的关系。然而我们从表格中得到总资产周转率虽有变化，却不是总资产净利率变化的主要因素。

2. 权益乘数

权益乘数＝资产总额 ÷ 所有者权益

表8-11　2015—2018年权益乘数

会计年度	2015年6月	2016年6月	2017年6月	2018年6月
资产总额	564,787,000	765,699,000	811,937,000	873,956,000
所有者权益	236,296,000	292,918,000	279,358,000	310,618,000
权益乘数	2.39	2.61	2.91	2.81

资产结构的权益乘数由于发生了变化，因此可以判定公司的整体构造发生着改变。2016年和2017年的权益乘数相对于2015年有所增加。权益乘数的上升说明公司的资本结构发生了变化，从公司的偿债能力分析可以看出公司企业的偿债能力良好，资本结构的适当调整没有给企业带来不可承受的风险。然而2017年到2018年的下降表现出了整个企业背负的债务减少，偿债能力有了提升，降低了企业自身的财务风险。我们同时也可得出财务杠杆对利润水平有影响。从表中我们可以看出该企业的权益乘数处于2到3之间，说明它是一个激进战略性公司，公司的管理层需要预测公司未来的形势与负债所带来的风险，并预测企业的未来收益。

3. 净资产收益率分析

净资产收益率＝总资产净利率 × 权益乘数

表8-12　2015—2018年净资产收益率

会计年度	2015年6月	2016年6月	2017年6月	2018年6月
总资产净利率	2.89	0.85	−0.97	0.38
权益乘数	2.39	2.61	2.91	2.81
净资产收益率	6.91	2.22	−2.82	1.07

公司在2015年到2018年的净资产收益率说明了企业的获利能力从最开始下降到最后又得到了回升。另外，通过观察后两年的总资产净利率、权益乘数和净资产收益率的增减变动趋势，我们可以看出：总资产净利率的回升主导着净资产收益率在2017年到2018年期间也出现了回升，此时，企业的权益乘数下降，偿债能力变强，企业所承担的财务风险变小，说明企业财务活动效率和经营活动效率均有所提升。

综上所述，通过对某企业相关财务数据进行杜邦分析，我们可以得出如下一些结论：净资产收益率出现了先降后升的现象，但是在开始上升的期间，净资产收益率一直受到总资产净利率的影响不断下降，却没有受到权益乘数的增加的影响，说明了净资产收益率的变动趋势大部分受制于总资产净利率的影响。在 2015 年到 2016 年公司销售净利率一直减少，主要还是受公司的主营业务成本的持续增加的影响，而在其后的一年里，虽然成本问题得到了缓解，但由于受到了主营业务收入的牵制，净利润出现负数也不可避免。总的来说，公司运营期间的获利能力趋于下降的方向。

附件

附件一：实验报告

《企业综合仿真会计设计性实验》

实 验 报 告

学　　　　院_____

专　业　班　级_____

实 验 小 组 编 号_____

实验小组组长及学号_____

小 组 成 员 及 学 号_____

指　导　教　师_____

实 验 小 组 成 绩_____

实 验 地 点_____

实 验 时 间_____

实验设计主题：
一、实验设计案例的主要内容及要求简述
（设计企业名称、规模、主要产品、销售规模、成本水平、费用水平）
二、实验设计完成必需的工作内容及其分工情况
三、本组设计实验实现工作流程

四、设计及资金经营实验结果总结评价

1. 财务分析指标计算表

指　标		第一期	第二期	对比变化
偿债能力	流动比率			
	速动比率			
	资产负债率			
营运能力	应收账款周转率			
	存货周转率			
	流动资产周转率			
盈利能力	销售毛利率			
	销售净利率			
	成本息税前利润率			
	资产净利率			
	净资产收益率			
发展能力	销售增长率			
	净利润增长率			

2. 本组设计及企业经营会计处理总体评价

（包括团队不同岗位工作协调程度、资金预算的整体合理性、本实验小组的创新发展战略措施、财务指标完成的总体评价。）

组长：

3. 分岗位收获阐述
  （1）组员：

  （2）组员：

（3）组员：

（4）组员：

（5）组员：

五、本组实验收获、存在的问题及改进措施

六、指导教师评定意见

七、综合会计业务仿真实验成绩评定		
序号	项 目	分值标准参照
1	一期资金预算整体合理性	10
2	会计处理规范、技能水平	10
3	会计报表规范及完整性	10
4	二期资金预算整体合理性	10
5	会计处理规范、技能水平	10
6	会计报表规范及完整性	10
7	企业发展战略创新及可行性	5
8	团队协作意识的体现	5
9	实验报告完整性	10
10	实验团队得分合计	80
11	实验团队出勤、设计收获	20
1	组长：	
2	组员：	
3		
4		
5		
6		
1.报告制作PPT，可以链接Word、Excel； 2.小组报告10~15分钟（掌握好时间）； 3.小组成员可以相互补充报告。		

附件二：实验答辩记录表

综合会计仿真实验答辩记录表

第　　组　　　　时间：　　　　　　地点：

小组组长及班名		报告人及班级	
小组成员及班级			
汇报用时		有无超时	
答辩记录（包含提出的问题，学生回答情况等）			
小组成绩			

综合会计仿真实验答辩记录表

第　　组　　　　时间：　　　　　　地点：

小组组长及班名		报告人及班级	
小组成员及班级			
汇报用时		有无超时	
答辩记录（包含提出的问题，学生回答情况等）			
小组成绩			